Research on Network Construction and
Promotion Mechanism of Supportive
Policy Implementation for Small and Middle-sized Enterprises

中小企业
扶持性政策执行
网络构建及提升机制
研究

于东平　逯相雪　著

经济管理出版社
ECONOMY & MANAGEMENT PUBLISHING HOUSE

图书在版编目（CIP）数据

中小企业扶持性政策执行网络构建及提升机制研究/于东平，逯相雪著.—北京：经济管理出版社，2020.3

ISBN 978-7-5096-2254-4

I.①中… II.①于…②逯… III.①中小企业—政策支持—研究—中国 IV.①F279.243

中国版本图书馆 CIP 数据核字（2020）第 017409 号

组稿编辑：陆雅丽
责任编辑：陆雅丽
责任印制：黄章平
责任校对：张晓燕

出版发行：经济管理出版社
　　　　　（北京市海淀区北蜂窝 8 号中雅大厦 A 座 11 层　100038）
网　　　址：www.E-mp.com.cn
电　　　话：(010) 51915602
印　　　刷：三河市延风印装有限公司
经　　　销：新华书店
开　　　本：720mm×1000mm/16
印　　　张：11.75
字　　　数：168 千字
版　　　次：2020 年 9 月第 1 版　2020 年 9 月第 1 次印刷
书　　　号：ISBN 978-7-5096-2254-4
定　　　价：78.00 元

前　言

　　促进中小企业持续健康发展是激发经济、缓解就业、改善民生的重要举措。尽管近年来国家相继出台的各项扶持性政策在一定程度上改善了中小企业的发展困境，但是，受多种因素的影响，这些扶持性政策在执行过程中并未达到预期效果。考虑到政策执行主体（即政府部门、社会组织及受惠企业）之间的良性互动对提高中小企业政策执行的重要性，以及网络分析视角的优势（即认为政策的执行过程是政府和非政府组织以及个人之间的互动过程），本书从网络分析视角出发，在分析我国中小企业扶持性政策执行现状的基础上，创造性地构建由政府部门、社会组织及受惠企业等多方执行主体共同参与的政策执行网络，应用 DEMATEL 法和 ISM 法有效识别并甄选出影响政策执行网络提升的关键要素，并对关键影响要素与政策执行绩效间的关系做进一步实证验证，以便为中小企业扶持性政策的执行提供有益借鉴。

　　首先，对中小企业扶持性政策执行的理论研究和实践现状进行了梳理。在理论研究方面，对中小企业扶持性政策、政策执行等关键词进行文献梳理和态势分析，总结出已有研究文献的贡献及不足，并据此指出本书的研究内容。在实践现状方面，对我国及云南省中小企业扶持性政策进行梳理，给出其执行现状及存在问题。

　　其次，构建囊括政府部门、社会组织和中小企业三方的中小企业扶持性政策执行网络，对该执行网络的概念、作用要素及互动机制进行了初步设计。随后，从政府、金融机构、中小企业三方切入构建囊括 3 个一级指标、28 个二级指标的中小企业扶持性政策执行网络影响要素体系，应用 DEMATEL 和 ISM 集成法，按照因素关系的判定、语言变量的转化、关键要素的识别、因素层次的归类四个步骤对所构建的中小企业扶持性政策执行网络影响要素体系进行关键提取及层次归类，最终识别出 5 个关键影响因素，依次分别为政治信任、资金完备程度、法制健全程度、监督制度完善程度及问责制度完善程度。

再次，深入探讨政治信任这一关键影响要素对政策执行绩效的深层次作用机理。具体而言，依托计划行为理论和情绪感染理论，提出并实证验证考虑情绪传染调节作用的政治信任（包括政府信任、政策信任和公务员信任三个维度）与政策执行绩效的关系模型。实证结果显示：①政治信任对政策执行绩效确实发挥了较为显著的正向影响作用。其中，与政府信任、官员信任相比，政策信任对政策执行绩效表现出了强有力的正向促进作用；与行政绩效、社会绩效相比，政治信任对政策执行的经济绩效影响最为显著。②情绪感染对政治信任与政策执行关系发挥了部分显著的调节作用。其中，情绪感染对政治信任与行政绩效关系发挥了部分显著的正向调节作用，对政治信任与经济绩效关系发挥了部分显著的负向调节作用，而对政治信任与社会绩效关系则未表现出显著的调节作用。

最后，从宏观的政府层面、中观的社会组织层面及微观的企业层面，为云南省中小企业扶持性政策执行网络的提升提出了针对性改进建议，并总结研究结论与提出未来展望。

本书获得了国家自然科学基金地区项目（项目编号为 71764033）、云南省应用基础研究计划面上项目（项目编号为 2017FB101）及中国博士后科学基金第 61 批面上资助获资助项目（二等）（项目编号为 2017M613012）的大力支持，在此表示衷心的感谢。本书初稿的撰写获得了研究生王敬菲、孟郑阳、胡鉴、张慧、孙吉涛的大力支持，在此一并表示感谢。由于时间与水平的约束，本书的不妥之处敬请各位读者不吝赐教、指正。

于东平

2020 年 3 月 20 日

目　录

第一章　绪　论

一、选题背景及意义

（一）研究背景

随着改革开放的逐步推进以及市场经济的不断发展，我国中小企业经历了从小到大、从弱到强的演变历程，并在增加经济活力、推动技术进步、缓解就业压力、维护社会稳定等方面发挥着不可替代的作用（姜丽丽，2015）。统计数据显示，我国 GDP 的 55.6%、工业新增产值的 74.7%、社会销售额的58.9%、税收的 46.2%、出口总额的 62.3%、就业岗位的 75.0%均由中小企业创造。自党的十五大以来，我国政府部门先后颁布了《中小企业促进法》、《关于鼓励支持和引导个体私营等非公有制经济发展的若干意见》、《关于免征小型微型企业部分行政事业性收费的通知》、《关于进一步促进科技型中小企业创新发展的若干意见》、《国务院关于进一步支持小型微型企业健康发展的意见》、《关于进一步促进中小企业发展的若干意见》等一系列旨在促进中小企业发展的法律法规。与此同时，国家领导人也多次在政府工作报告中指出"应鼓励支持和引导非公有制经济发展，积极主动为非公有制企业创造平等竞争的法制环境、政策环境和市场环境，进一步放宽非公有制资本进入的行业领域，拓宽非公有制企业融资渠道，依法保护私有财产和非公有制企业的权益"等。这些举措无疑为我国中小企业外部生存及发展环境的改善提供了良好的政策保障。

然而，受资金、技术、规模、市场等条件制约，中小企业在实践发展过程中仍面临诸多问题，难以与大型企业进行公平的市场竞争（徐志明等，2013），尤其在资金获取方面。由于中小企业存在抵押资产不足、银行贷款门槛高、资金偿还能力弱及社会征信体系不完善等问题（韩亚欣等，2016），导致广大中小企业难以从正规金融机构筹集到充足资金，自身发展受到严重制约，高素质人才匮乏、自主创新能力差、产品附加值低、抗风险能力差等问题层出不穷。《中国民营企业发展报告》显示，全国每年新生 15 万家民营企业，同时每年又死亡 10 万多家，有 60% 的民营企业在 5 年内破产，85% 的民营企业在 10 年内消亡，平均寿命仅为 2.9 年。

就云南省来看，截至 2018 年 12 月底，民营企业达 283.6 万户，比上一年增长 7.8%。其中，私营企业 58.4 万户，比上一年增长 6.4%；个私经济从业人员 847.4 万人，比上一年增长 6.4%；民间投资比上一年增长 20.7%，增速高于全省固定资产投资增速 9.1 个百分点，高于全国民间投资增速 12 个百分点。同时，2018 年，云南省民营企业完成进出口总额 181.4 亿美元，同比增长 10.8%，占全省进出口总额的 60.7%；完成增加值 8464.7 亿元，比上一年增长 9.1%，高于全省 GDP 增速 0.2 个百分点，占 GDP 比重达 47.3%，拉动全省经济增长 4.3 个百分点，对全省经济增长的贡献率为 48.3%。从这些数据可以看出，民营经济已成为云南省国民经济的重要支撑、扩大就业的主要载体、财政收入的重要税源、富民强滇的重要力量。

当前，云南省正处于跨越发展新阶段，民营经济发展既面临着严峻挑战，又展现出"一带一路"、长江经济带、孟中印缅经济走廊建设等诸多重大机遇。云南省各级政府也以此为契机，着力营造透明高效的政务环境、竞争有序的市场环境、公平公正的法治环境以及宽松便利的营商环境。例如，2014年，云南省政府颁布《云南省人民政府办公厅关于推进"两个 10 万元"微型企业培育工程的通知》；2015 年，云南省政府颁布《关于促进民营经济发展若干政策措施的意见》；等等。

然而遗憾的是，从实践来看，信息不对称、审核流程繁复、非市场化机制严重、利益结构复杂、缺乏监督等问题使得云南省中小企业扶持性政策在执行过程中存在选择性执行、歪曲性执行、附加性执行等不同程度偏差（丁煌和梁满艳，2014），导致各项扶持性政策落实效果欠佳，无法从根本上逆转云南省中小企业发展困境；从理论上看，学者们从财税支持（Beca & Cozmei，2014）、金融支持（Abor，2013）、服务支持（龙静等，2012）、技术创新扶持（Novero，2011）等视角对中小企业脱困开展了大量的研究工作，但从整体上看更侧重各项扶持性政策的提出环节，对执行环节的重要性认知尚缺乏系统性思考。

如前所述，中小企业扶持性政策执行的实践发展及理论研究现状均迫切要求重新思考政策执行问题。基于此背景，本书借助社会网络分析理论、计划行为理论、情绪感染理论等知识，创造性地构建中小企业扶持性政策执行网络，以云南省为具体实证对象，继续探讨该区域中小企业扶持性政策执行绩效的关键影响要素、关键影响要素与政策执行绩效之间的深层次作用机理等问题，为有效提升中小企业扶持性政策执行效率提供可靠的理论依据。

（二）研究意义

在理论方面，全面拓宽中小企业扶持性执行政策的研究视角。考虑到政策执行主体（即政府部门、社会组织及受惠企业）间良性互动对提高中小企业政策执行的重要性及网络分析视角的优势（即认为政策执行是政府和非政府组织以及个人之间的互动过程）。本书从网络分析视角出发，在分析我国及云南省中小企业扶持性政策执行现状的基础上，创造性地构建由政府部门、社会组织及受惠企业等多方执行主体共同参与的政策执行网络，应用 DEMA-TEL/ISM 法有效识别并甄选出影响政策执行网络提升的关键要素，为中小企业扶持性政策执行绩效的提升提供有力借鉴。

在实践方面，提高中小企业扶持性政策执行的绩效。如前所述，中小企业在激发经济、缓解就业、改善民生等方面发挥了举足轻重的作用，但其自身在发展过程中的诸多问题并未得到有效解决。本书以中小企业扶持性政策执行为具体切入点，深入剖析构建多方执行主体互动的执行网络的重要性、必要性和科学性，并就其潜在影响因素以及关键影响要素与政策执行绩效之间的关系进行了深层次探讨，以便切实有效地提高中小企业扶持性政策执行绩效。

二、研究目的及目标

（一）研究目的

本书的研究目的是，基于网络分析视角构建由政府部门、社会组织及受惠企业等多方执行主体共同参与的政策执行网络，从影响要素体系的构建、关键影响要素的识别、关键影响要素与政策执行绩效间的作用机理等多模块深入探讨中小企业扶持性政策执行网络提升机制。

（二）研究目标

本书拟定从五个方面开展具体的研究工作：

一是对中小企业扶持性政策执行的理论研究和实践现状进行梳理。在理论研究方面，对中小企业扶持性政策、政策执行等关键词进行文献梳理和态势分析，总结出已有研究文献的贡献及不足，据此指出本书的研究内容；在实践现状方面，对我国及云南省中小企业扶持性政策进行梳理，指出其执行现状以及存在的问题。

二是构建中小企业扶持性政策执行网络。从网络分析视角出发构建政府、金融机构、中小企业三方互动的中小企业扶持性政策执行网络。具体而言，对中小企业扶持性政策执行网络相关概念、所涉主体及作用要素、主体间的互动机制等内容进行梳理及界定。

三是基于 DEMATEL 和 ISM 集成法，有效识别中小企业扶持性政策执行网络关键影响要素。从政府、金融机构、中小企业三方切入构建囊括 3 个一级指标、28 个二级指标的中小企业扶持性政策执行网络影响要素体系，应用 DEMATEL 和 ISM 集成法，按照因素关系的判定、语言变量的转化、关键要素的识别、因素层次的归类四个步骤对所构建的中小企业扶持性政策执行网络影响要素体系进行关键提取及层次归类，最终识别出 5 个关键影响因素，依次为政治信任、资金完备程度、法制健全程度、监督制度完善程度及问责制度完善程度。

四是深入探讨政治信任这一关键影响要素对政策执行绩效的深层次作用机理。具体而言，依托计划行为理论和情绪感染理论，提出并实证验证考虑情绪传染调节作用的政治信任（包括政府信任、政策信任和公务员信任三个维度）与政策执行绩效的关系模型。实证结果显示：①政治信任对政策执行绩效确实发挥了较为显著的正向影响作用。其中，与政府信任、官员信任相比，政策信任对政策执行绩效表现出了强有力的正向促进作用；与行政绩效、社会绩效相比，政治信任对政策执行的经济绩效影响最为显著。②情绪感染对政治信任与政策执行关系发挥了部分显著的调节作用。其中，情绪感染对政治信任与行政绩效关系发挥了部分显著的正向调节作用，对政治信任与经济绩效关系发挥了部分显著的负向调节作用，而对政治信任与社会绩效关系则未表现出显著的调节作用。

五是从宏观的政府层面、中观的社会组织层面及微观的企业层面，为云南省中小企业扶持性政策执行网络的提升提出针对性改进建议，并总结了本书的研究结论与未来展望。

三、研究内容及方法

（一）研究内容

模块一：中小企业扶持性政策执行效率文献综述与态势分析。一方面，从中小企业扶持性政策（主要表现在财税、融资、公共服务和技术创新政策等方面）、政策执行（如政策执行力、执行主体、执行效率评价及影响因素等）对中小企业扶持性政策执行相关研究动态进行系统梳理；另一方面，应用共词分析法，按照数据获取、数据处理、数据分析、结果分析四步骤对所收集的重点文献进行态势分析。

模块二：国家及云南省层面的中小企业扶持性政策实践现状。梳理了国家及云南省双层面出台或实施的中小企业扶持性政策，主要围绕财政政策、环境政策、采购政策、投融资政策、税收政策及商事政策等方面展开，并在此基础上对其执行现状及所存问题进行整理分析，为本书提供实践基础。

模块三：中小企业扶持性政策执行网络构建。从网络分析视角出发构建了政府部门、中小企业及社会组织三者互动的执行网络。具体而言，在以往研究的基础上，对中小企业扶持性政策执行网络相关概念、主体作用要素、主体间的互动机制进行了梳理及界定。

模块四：中小企业扶持性政策执行网络关键影响要素识别。这是本书的研究重点之一，从要素体系的构建、因素关系的判定、语言变量的转化、关键要素的识别、因素层次的归类等环节开展具体研究过程。

模块五：关键影响要素与政策执行绩效之间的关系机理。在模块四的基础上，对政治信任这一关键要素与政策执行绩效间的关系机理进行了深层次探讨。借助计划行为理论和情绪感染理论，尝试性地构建并实证验证了考虑情绪感染调节作用的政治信任与政策执行绩效的关系假设。

（二） 研究方法

1. 文献研究法

采用文献研究法对中小企业扶持性政策、政策执行等关键词的研究现状进行梳理。一方面，洞察已有研究可能存在的不足及缺陷，进一步肯定本研究的必要性；另一方面，从已有研究成果中寻找所研内容的支撑理论，为本书的后续研究提供充分的理论依据。

2. 共词分析法

应用共词分析法对中小企业扶持性政策执行相关的重要文献进行定量分析，从数据获取、数据处理、数据分析、结果分析四个环节开展具体的文献态势分析过程。

3. 基于模糊集理论的 DEMATEL 和 ISM 分析法

设计各影响因素相关关系的评价问卷，邀请专家进行单独打分，运用模糊集理论对各位专家的评分数据进行处理，得到反映中小企业扶持性政策执行网络影响要素之间相互关系的直接影响矩阵；采用 DEMATEL 模型，分析各影响要素之间的相互影响程度，并辨识出该指标体系的关键要素；应用 ISM 模型，有效划分出该指标体系的层次结构。

4. 实证研究法

对已识别出的关键影响因素——政治信任，探讨其对政策执行绩效的深层作用机理。借助计划行为理论和情绪感染理论，尝试性构建了考虑情绪传染调节作用的政治信任与政策执行绩效的关系模型，并基于 162 份有效问卷，对所提出的关系假设进行了实证验证。

四、研究结构及路线

（一）研究结构

本书共包括八章内容。

第一章为绪论。对研究背景及意义、研究目的及目标、研究内容及方法、研究结构及路线、主要创新点等基础内容进行阐述。

第二章为中小企业扶持性政策执行文献综述及态势分析。一方面，对研究所涉及的关键术语，如中小企业扶持性政策、政策执行等进行文献梳理及定性综述；另一方面，应用共词分析法对上述关键词相关的核心文献进行定量的态势分析。综合上述两方面，指出已有研究的贡献及不足，并界定本书的研究方向及研究内容。

第三章为中小企业扶持性政策执行实践现状。侧重从全国和云南省两个视角，对中小企业扶持性政策进行梳理，在此基础上指出我国及云南省中小企业扶持性政策在执行过程中存在的问题。

第四章为中小企业扶持性政策执行网络构建。界定了中小企业扶持性政策执行网络概念，并对网络主体、作用要素及执行主体之间的互动机制进行了识别及构建。

第五章为中小企业扶持性政策执行网络关键影响要素识别。首先，从政府、金融机构、中小企业三方切入构建囊括 3 个一级指标、28 个二级指标的中小企业扶持性政策执行网络影响要素体系；其次，应用 DEMATEL 和 ISM 集成法，按照因素关系的判定、语言变量的转化、关键要素的识别、因素层次的归类四个步骤，对所构建的中小企业扶持性政策执行网络影响要素体系进行关键提取及层次归类。

第六章对关键影响要素—政治信任与政策执行绩效的关系机理进行实证研究。首先，借助计划行为理论和情绪感染理论创造性提出政治信任、情绪感染与政策执行绩效三者之间的关系模型；其次，基于 162 份有效样本数据，对所提假设进行实证验证；最后，对实证结果进行分析与讨论。

第七章为云南省中小企业扶持性政策执行网络提升对策。基于上述实证结果，从宏观、中观、微观三个层面提出了云南省中小企业扶持性政策执行网络的改进措施。

第八章为结论与展望。总结全书的主要研究结论及未来可能的研究方向。

（二）研究路线

本书按照理论基础→实践现状→执行网络构建→执行网络提升这一内容主线，对所选命题展开研究（见图 1.1）。

如图 1.1 所示，在分析中小企业扶持性政策执行理论与实践现状的基础上，尝试性地构建囊括三方主体互动的政策执行网络，从关键要素的识别、关键要素与政策执行绩效的深层关系机理、分层次提升对策三个方面，对中小企业扶持性政策执行网络的提升机制展开研究。

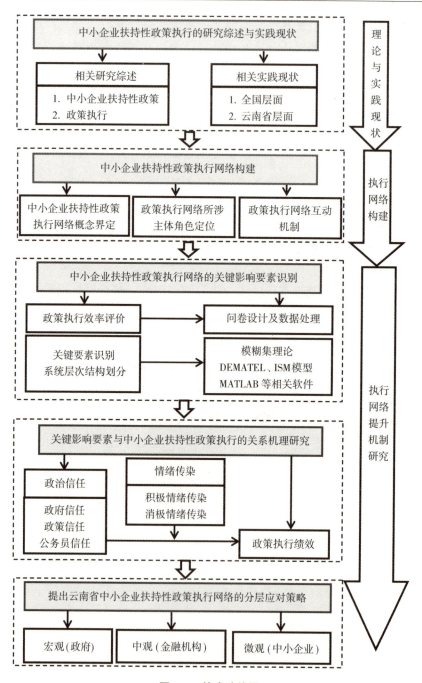

图 1.1　技术路线图

五、主要创新点

（一）内容方面

在以往研究的基础上，尝试性地从网络分析视角出发，构建政府、社会组织、中小企业三方互动的中小企业扶持性政策执行网络，对其相关概念、所涉主体及作用要素、主体间的互动机制等内容进行界定，从而可深化政策执行相关理论认知。

探索性地从政策执行受众者的政治信任这一微观心理视角切入，系统性地提出并实证验证考虑情绪感染调节作用的政治信任与政策执行关系假设。在关键影响因素识别结果的基础上，深入探讨政治信任（包括政府信任、政策信任、公务员信任三个维度）这一关键影响要素对政策执行绩效（包括行政绩效、经济绩效、社会绩效三个维度）的作用机理，并考虑情绪感染（包括积极情绪感染、消极情绪感染两个维度）这一潜变量的调节作用，从而可有效开拓政策执行领域的研究思路。

（二）方法方面

综合共词分析法、基于模糊集理论的 DEMETEL 和 ISM 集成分析法、实证研究等定量与定性相结合的方法，采用了 MATLAB、SPSS 等统计工具，对所研究问题进行深入剖析，在一定程度上可以有效克服以往扶持性政策执行研究领域单纯思辨的方法的不足。

第二章 中小企业扶持性政策
执行文献综述及态势评析

从实践来看，作为国民经济的重要组成部分，中小企业在经济增长、增加就业、科技创新、社会稳定等方面发挥着不可替代的作用（陆岷峰，2012）。然而，受资金、技术、规模等条件的制约，我国中小企业在市场交易和社会公共资源获取中一直处于不利地位。因此，各级政府均从各个方面对中小企业提供了相关的扶持性政策。但是，这些扶持性政策却并没有达到预期效果，多数中小企业所处的地位依然令人堪忧。同时，受市场需求疲软及要素价格逐年攀升的双重影响，当前我国中小企业正遭遇着多年未见的"雪灾"，部分省份甚至出现了中小企业扎堆倒闭的新闻报道（于东平和段万春，2012）。

从理论来看，尽管学者们已普遍认识到政策执行过程的重要性，但是考虑到资金短缺仍是我国中小企业发展的主要障碍（刘庆飞，2013），因此学界普遍侧重探讨财税（或金融）扶持性政策对中小企业实践困境的作用，视角相对比较单一，无法系统对中小企业扶持性政策执行效率问题进行深入探讨。

基于上述实践现状及理论研究的不足，本章采用文献综述法和共词分析法对中小企业扶持性政策执行这一命题进行定性的文献综述以及定量的态势分析，从而清晰、准确地把握该领域的最新研究动态，为进一步深化中小企业扶持性政策执行研究命题指明方向。

一、中小企业扶持性政策执行文献综述

（一）中小企业扶持性政策文献综述

相对于大企业而言，中小企业需要更多扶持性政策的保护（Kirby，2004），以获得公平的竞争机遇。为此，相关部门相继从财税优惠、融资支持、公共服务、技术创新等多个方面出台了一系列扶持政策，以解决中小企业发展困境。

1. 中小企业财税扶持性政策文献综述

财税优惠政策是财政优惠政策和税收优惠政策的统称。中小企业财政扶持性政策主要分为无偿资助和贷款贴息。其中，无偿资助指政府对中小企业进行资金上的无偿援助；贷款贴息指政府对中小企业贷款利息给予一定比例的补贴。税收优惠政策主要指国家对某些课税对象给予中小企业一定减免优惠，以减轻中小企业税收负担。鉴于中小企业的融资现状，Li 和 Ren（2010）强调政府应出台合适的财政政策扶持中小企业，包括财政补贴和税收优惠政策等。改革开放以来，政府对中小企业的财税扶持经历了区别对待、扶持鼓励、政策优惠和科学发展四个阶段，中小企业的市场地位显著提高，经营环境得到了极大改善（刘畅，2013）。然而，由于各项优惠政策政出多门，表现形式多样，相互间协调性不强，因此尚未形成完善的税收优惠体系（贾国军和谭毅，2013）。加之这些税收优惠政策普遍存在针对性差、操作性差等问题，政策实施效果堪忧（姜丽丽，2015）。

2. 中小企业融资扶持性政策文献综述

考虑到自身规模小、可供抵押资产少、自有资金不足、经营不透明等问题，中小企业常常成为正规金融机构排斥的对象，无法为自身的持续发展注入充足的资金。近年来，学界对中小企业融资难题进行了广泛探讨，如刘育红（2013）指出，信用担保机构在一定程度上可以降低银企之间的信息不对称，降低资金提供方的风险，是缓解中小企业融资难题的重要手段。对此，张维和张旭东（2013）则认为，担保机构对中小企业贷款的担保比例必须控制在一定范围内，否则很难实现多方共赢的局面。李森和刘媛华（2013）利用层次分析法对传统融资模式和供应链融资模式进行了综合评价。结果显示，供应链融资模式能够有效改善中小企业的信用状况及信贷资格。肖萍（2015）则认为，与传统融资模式相比，互联网融资主要依托互联网平台完成贷款全过程，从而大大降低了中小企业的融资成本。蒋瑛和蒙山（2015）认为，由于现有的中小企业集群融资模式存在不同程度的技术风险和管理风险，建议培育合格的风险承担主体，并根据不同发展层次的融资需要构建相应的中小企业集群融资模式。张杰（2013）指出，民间融资模式的存在和发展，有其理论和现实的合理性与必要性。龙著华（2014）建议，发挥政府在规范、引导、监督、管理民间融资方面的宏观调控作用，从而降低中小企业融资风险。

3. 中小企业公共服务政策文献综述

近年来，政府在资金、技术、人才、信息、管理等方面对中小企业开展了全方位、多层次的服务，极大地改善了中小企业的经营环境。Hurmerinta-Peltomaki 和 Nummela（2012）则以 400 家企业为研究对象，通过对比专家服务用户和非用户的特征，探讨了政府部门提供中小企业公共服务的可行性和未来发展潜力。然而尽管如此，关于中小企业公共服务体系的导向问题（即是政府主导，还是市场主导）尚未形成统一认知。韩国明等（2009）从治理理论合作网络途径这一研究视角出发，主张通过引入市场化机制和社会参与机制实现中小企业公共服务参与主体的多元化；付鲜凤和梅强（2012）利用数据包络分析法对市场导向和政府导向下的中小企业公共服务平台效率进行了评价、对比，结果表明，市场主导的公共服务平台效率高于政府主导的公共服务平台效率。对此，宋东升（2012）持有相反观点，认为政府在中小企业技术服务平台的建设与发展中应发挥主导作用。

4. 中小企业技术创新扶持性政策文献综述

凭借精简的组织结构、宽松的工作环境、专业的产品定位、灵活的经营模式，中小企业在细分市场产品创新上拥有独特优势（常林朝，2010）。中小企业是我国实施创新驱动战略的重要力量，而技术创新则对中小企业成长发挥着显著的正向影响作用（张会荣和张玉明，2014）。然而遗憾的是，由于中小企业存在资金、技术、人才等资源匮乏问题，加之抗风险能力较弱，所以中小企业的技术创新能力一直被严重压制。同时，技术创新的不确定性、长周期性、正外部性及高投入性等特点（冯小俊，2010）导致市场机制不能及时解决中小企业的资金问题，最终促成了政府的金融支持成为中小企业技术创新强有力支撑的局面（李增福，2007）。

（二）政策执行文献综述

1. 政策执行概念文献综述

学界对政策执行力内涵的界定主要围绕政策执行能力和政策执行效力展开（陈喜乐和杨洋，2012）。周国雄（2007）认为，政策执行力就是公共政策执行主体为达到政策目标，通过对各种相关资源的调度、控制和使用，有效执行公共政策的能力总和。莫永波（2009）探讨了政府执行能力和政府执行力的内在逻辑关系，指出政府执行力包含政府执行能力。莫永波和张定安（2011）分别从制度层面和执行层面对制度执行力的概念进行了深入剖析，指出政策执行力是相关政策的最终执行效力或政策被落实的程度。多数学者对政策执行力概念的理解则采用了国家中心论观点，即认为政策执行力是政府对政策的执行力（韩津，2012）。

2. 政策执行主体文献综述

多数学者在界定政策执行力时过于强调政府这一主体的作用，而忽视了其他潜在组织可能发挥的能动性作用。对此，吴钦春（2013）认为，中小企业融资难的问题是市场这一无形之手和政府这一有形之手双双失灵的综合表现。因此，单靠市场或政府均难以改善中小企业的融资困境；而嵇伟强（2014）则不同意上述观点。他认为除银行的金融排斥外，中小企业自身发展不完善以及政府宏观调控不给力也是中小企业融资难的重要原因。所以，欲彻底解决中小企业的融资难题，政府、金融机构和中小企业三方必须全力配合。围绕这一观点，肖念涛和谢赤（2014）基于委托代理理论构建了囊括中小企业与中央、地方财政部门官员的三方动态博弈模型，以促进中小企业财政政策的顺利实施。

3. 政策执行绩效评价文献综述

对政策实施效果开展有效的评价能为现行政策的逐步完善和实施效果的稳步提升提供决策依据。围绕这一命题，学界开展了大量的研究工作。例如，刘雪明和廖东岚（2013）借鉴平衡计分卡理论构建了囊括政策共识、执行协同、执行文化、执行公信力4个一级指标、13个二级指标、31个三级指标的地方政府政策执行力评价体系，以此来解决现有评价体系存在的指标不完整、适用性不高、使用率低等问题。易剑东和袁春梅（2013）借鉴政策分析理论中的史密斯模型，从政策本身（即政策质量）、目标群体（即政策对象）、执行机构（即政策执行主体）、政策环境四个方面构建了囊括4个一级指标、16个二级指标的体育产业政策执行效力评价指标体系，应用层次分析法和模糊综合评价方法对我国体育产业政策执行效力进行了综合评价。胡继连等（2014）采用问卷调查法，调查农民对涉农财政补贴政策（7项）、农民培训与创业就业补助政策（4项）、农村社会保障财政扶助政策（3项）、农村教育财政补助政策（4项）实施情况的认知程度。肖潇和汪涛（2015）建立了包括政策工具、政策核心受众、政策效力三维的大学生创业政策评估理论框架，以中关村和东湖高新区两家示范区2009年以来的49项大学生创业政策为研究对象，采用内容分析法对政策进行了定量化评估。辛冲冲等（2017）则运用DEA-Malmquist模型，从时序发展、区域异质性特征两个视角对新疆农机购置补贴政策执行后的效率和全要素生产率发展变化予以了测度。

4. 政策执行绩效影响因素文献综述

趋于自身利益的权衡，下级政府有时并不完全遵照上级政府的政策执行。甚至违背执行上级政府制定的政策，造成地方政府政策执行梗阻（周雪光和练宏，2011）。围绕政策执行梗阻问题，学者们开展了大量研究。根据研究内容的不同，我们将已有研究成果划分为两个方面。

一是普适性研究，即基于整体视角探讨公共政策执行绩效影响因素。Tummers（2012）从政策内容、组织背景、个性特征三个方面构建了政策执行意愿的影响因素体系。实证结果表明，政策内容是影响政策执行意愿的最重要因素；宋雄伟（2016）基于整合式研究视角，将政策执行梗阻问题的产生归纳为忽视了行政中的政治问题，忽视了政策循环圈的相互内嵌、科层结构中横向与纵向的矩阵陷阱，以及基层官僚的主体性人格与执行裁量权问题。

二是针对性研究，即探讨某公共政策执行绩效的具体影响因素。Cardon等（2002）探讨了教育机构对教育改革政策实施的影响作用。Krutwaysho 和 Bramwell（2010）探讨了不同社会背景对泰国普吉岛旅游政策实施的影响。薛立强和杨书文（2016）结合组织理论和治理理论，以节能家电补贴推广政策为例，对政策执行"断裂带"问题进行了探讨。结果表明，政策执行各主体的行为选择，构成了互动规则的断裂、信息流的断裂及利益流的断裂。钟兴菊（2017）研究发现，以回应任务为中心的准政府逻辑和追求福利最大化的共同体逻辑导致了东溪村退耕还林政策的变通执行现象。

（三）文献述评

基于以上梳理可知，学者们从财税支持、融资支持、服务支持和提高政策执行力角度对中小企业脱困开展了大量的研究工作，为政策的提出做出了巨大的贡献。但从整体看，以往研究主要集中于对中小企业扶持的宏观政策提出，对政策的后期执行状况关注不足。即使存在政策执行绩效的相关文献，也往往更关注政策执行绩效评价模型的构建，缺乏对中小企业扶持性政策执行命题深层次机理的系统性探讨。尽管关于政策执行绩效影响因素的研究文献已较为丰硕，但对影响因素的分类多为主观定性归纳，缺乏对各影响因素重要程度的辨识及层次结构的划分。

二、基于共词分析法的中小企业扶持性政策执行态势评析

为更深入、透彻地了解中小企业扶持性政策执行研究现状，本节采用共词分析法对该领域的研究成果作进一步分析。共词分析法，是由 Callon 和 Courtial 在社会网络分析基础上构建的一种内容分析和科学绘图的方法。通过分析某个学科领域研究主题或方向的专用名词共同出现在某篇研究论文中的词频，不仅可描绘出该领域的知识结构，还可判断该领域研究主题之间的关系，从而概述出当前该领域的研究热点（陶元磊等，2015）。该方法比较适合分析某个新兴学科领域的演进态势，能够较为直观地展示该领域研究的主题分布（Ritzhaupt et al.，2010）。由于中小企业扶持性政策执行这一命题的相关研究时间较短，仍属于新命题，因此，可考虑采用共词分析法对该研究领域进行剖析。

具体研究步骤如下：①登录中国知网，点击相应限制条件，输入研究的关键词进行搜索以获取研究数据；②利用 SATI3.2 软件从获得的数据中提取高频关键词，据此构建多值共词矩阵、相关共词矩阵和相异共词矩阵；③将相异共词矩阵导入 SPSS 20.0 软件进行多维尺度分析和聚类分析，将多值共词矩阵导入 UCINET 6.0 软件进行社会网络分析；④对数据结果进行分析与讨论。

（一）数据获取

在中国知网首页，选定高级检索，选择期刊并以 CSSCI 核心数据库作为数据来源，以"中小企业政策"作为主题词，时间不限定。由于此命题研究时间较短，为获得相应文献数量而选择模糊检索，最终共检索到 1759 篇论文。剔除书评、通知、会议综述等非学术性论文以及一些与主题无关的论文后，获得 1080 篇论文作为研究的原始数据。

由图 2.1 可知，自 1998 年以来，关于中小企业扶持性政策命题的论文发表数量每年均呈上升之势，但上升幅度不大且有下滑。

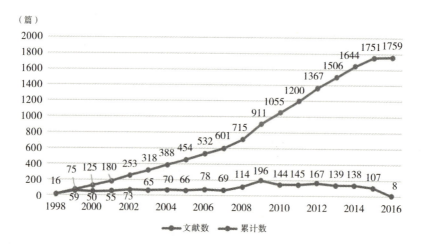

图 2.1　历年论文发表数量统计

（二）数据处理

利用 SATI 3.2 题录统计分析软件，从原始数据中获得 2012 个关键词及其对应频次，从中筛选出了 88 个频次大于或等于 6 的高频关键词。从表 2.1 可以看出，首先，"中小企业"是频次最高的关键词，符合本书主题"中小企业扶持性政策执行"；"技术创新"、"科技型中小企业"是频次较高的关键词，这充分肯定了"科技型中小企业"的研究热度及社会贡献（夏仕平和柯美录，2014）。同时，"融资"也有着较高的频次，从侧面反映了融资问题对中小企业发展的重要性和瓶颈性（李文启，2014）。"税收政策"、"中小企业融资贷款担保"、"金融机构"、"财税政策"等关键词的频次较高，且都与主题词密切相关，反映了研究对象和领域的归属。"小企业管理局"、"中小企业集群"等关键词则反映了中小企业发展的集群趋势。

表 2.1　所研命题高频关键词的聚类结果

序号	关键词	频次	序号	关键词	频次	序号	关键词	频次	序号	关键词	频次
1	中小企业	587	12	日本	20	23	小企业管理局	15	34	科技创新	11
2	技术创新	69	13	信用担保	19	24	自主创新	13	35	启示	11
3	融资	65	14	政策建议	19	25	融资难	13	36	融资政策	10
4	科技型中小企业	48	15	政策	19	26	欧盟	13	37	借鉴	10
5	税收政策	33	16	发展	18	27	政策扶持	12	38	信用保证	10
6	对策	32	17	税收优惠	17	28	金融政策	12	39	中小企业管理	10
7	中小企业融资	28	18	创新	16	29	政策支持	12	40	中小企业发展	10
8	贷款担保	27	19	优惠政策	16	30	农村中小企业	12	41	扶持性政策	10
9	金融机构	26	20	经济发展	16	31	中小企业金融	11	42	风险投资	9
10	金融危机	25	21	信息不对称	15	32	企业所得税	11	43	中小企业政策	9
11	财税政策	22	22	财政政策	15	33	中小企业集群	11	44	政府	9

序号	关键词	频次	序号	关键词	频次	序号	关键词	频次	序号	关键词	频次
45	外部环境	9	56	政策体系	8	67	发展环境	6	78	民间借贷	6
46	金融支持	9	57	影响因素	8	68	融资支持	6	79	融资困境	6
47	知识产权	9	58	中小企业生存	8	69	中国	6	80	加速折旧	6
48	问题	9	59	政策措施	7	70	担保贷款	6	81	企业信用担保	6
49	国际经验	8	60	中小企业生产	7	71	民营中小企业	6	82	产业集群	6
50	中小企业司	8	61	政府采购	7	72	政府行为	6	83	资本市场	6
51	中小企业协会	8	62	货币政策	7	73	融资渠道	6	84	韩国	6
52	中小金融机构	8	63	中小企业信贷	7	74	信用担保体系	6	85	中小型企业	6
53	公共政策	8	64	融资环境	7	75	德国	6	86	政府政策	6
54	信贷政策	8	65	融资体系	7	76	金融创新	6	87	生命周期	6
55	创新政策	8	66	美国	7	77	人民银行	6	88	国民金融公库	6

我们利用 SATI 构建出表 2.1 所示的高频关键词 88×88 的多值共词矩阵（见表 2.2）和相似矩阵（见表 2.3）。考虑到多值共词矩阵统计的是关键词共现的绝对数值，无法真正反映词与词之间的相互关系，因此，本书参照章以金等（2013）的计算方式，同时构造了共词相异矩阵，以反映关键词之间的紧密程度（见表 2.4）。

表 2.2　高频关键词多值共词矩阵（部分）

高频关键词	中小企业	技术创新	融资	科技型中小企业	税收政策	对策	中小企业融资	贷款担保	金融机构
中小企业	587	44	57	0	21	24	1	0	3

高频关键词	中小企业	技术创新	融资	科技型中小企业	税收政策	对策	中小企业融资	贷款担保	金融机构
技术创新	44	69	2	8	1	3	0	4	1
融资	57	2	65	1	0	3	0	0	1
科技型中小企业	0	8	1	48	0	3	0	2	0
税收政策	21	1	0	0	33	0	0	0	0
对策	24	3	3	3	0	32	0	0	0
中小企业融资	1	0	0	0	0	0	28	0	0
贷款担保	0	4	0	2	0	0	0	27	9
金融机构	3	1	1	0	0	0	0	9	26

表 2.3　高频关键词相关矩阵（部分）

高频关键词	中小企业	技术创新	融资	科技型中小企业	税收政策	对策
中小企业	1	0.0478	0.0852	0	0.0228	0.0307
技术创新	0.0478	1	0.0009	0.0193	0.0004	0.0041
融资	0.0852	0.0009	1	0.0003	0	0.0043
科技型中小企业	0	0.0193	0.0003	1	0	0.0059
税收政策	0.0228	0.0004	0	0	1	0
对策	0.0307	0.0041	0.0043	0.0059	0	1

表 2.4　高频关键词相异矩阵（部分）

高频关键词	中小企业	技术创新	融资	科技型中小企业	税收政策	对策
中小企业	0	0.9522	0.9148	1	0.9772	0.9693
技术创新	0.9522	0	0.9991	0.9807	0.9996	0.9959
融资	0.9148	0.9991	0	0.9997	1	0.9957
科技型中小企业	1	0.9807	0.9997	0	1	0.9941
税收政策	0.9772	0.9996	1	1	0	1
对策	0.9693	0.9959	0.9957	0.9941	1	0

（三）数据分析

1. 聚类分析

聚类分析是根据研究对象的某一特征，按照一定的标准对研究对象进行分类的方法。它的组内具有最高的相似度，而组间具有较大的差异性（吴俊，2014）。本书主要采取聚类分析中的分层聚类法（即系统聚类法）。具体而言，首先把相近程度较高的关键词聚为一类，然后将相近程度较高的类再聚为新的一类；依次类推，直到将所有关键词均聚为一类为止。

为消除共词词频差异的影响，增加研究的信度，本书将上述高频关键词的相异矩阵导入统计软件 SPSS 20.0 中，聚类方法选择 Ward 方法，度量标准选择平方 Euclidean 距离，最终得到我国中小企业扶持性政策研究领域高频关键词的聚类统计。

结果显示，中小企业扶持性政策执行研究领域的高频关键词可归为六类。第一类为中小企业贷款担保管理，具体包括贷款担保、小企业管理局及中小企业司等关键词；第二类为中小企业信贷管理，具体包括信贷政策、中小企业信贷、金融机构、担保贷款、人民银行等关键词；第三类为融资途径，具体包括融资体系、国民金融公库、融资政策等关键词；第四类为中小企业扶持性政策，具体包括税收政策、优惠政策、对策、问题、中小企业、融资等关键词；第五类为国外中小企业发展借鉴，具体包括扶持政策、韩国、日本、美国、启示、欧盟、德国、中小企业政策等关键词；第六类为中小企业发展其他问题，具体包括中小企业生存、中小企业生产、信用担保体系、金融创新、民间借贷、产业集群、信息不对称、政策扶持、企业所得税、企业信用担保等关键词。

由聚类结果可知，前五类快速实现聚集。由聚类统计特点可知，这五类关键词类内各个关键词的相关度较高，类与类之间各关键词的相关度较低，反映出学界对中小企业扶持性政策命题研究的五大方向，即中小企业贷款担保研究、中小企业信贷研究、中小企业融资途径研究、中小企业各项扶持性政策研究以及国外相关借鉴研究。由于这些类别之间比较独立，交叉研究较少，所以基本可以推断出，目前学界对中小企业扶持性政策的研究相对较为零散，系统性有待提升。与此同时，第六类中各关键词间聚集性相对较低，且这些关键词与其他关键词共现的频次较低，相关主题的交叉研究较少。这也说明，这些关键词之间的交叉部分有望成为今后该领域的研究热点。

2. 多维尺度分析

虽然利用聚类分析可基本判断中小企业扶相持性政策的研究热点，但是由于统计的样本数量较大，无法明确各研究热点在中小企业扶持性政策研究中的地位，因此我们采用 SPSS 20.0 统计分析软件中的多维尺度分析法，通过创建空间感知图对高频关键词进行分析。

多维尺度分析是市场研究的有力手段。它可以通过低维空间（通常是二维空间）展示多个研究对象之间的关系，利用平面距离来反映研究对象之间的相似程度。离中心点越近且分布越集中的关键词是研究的热点，受到的高度关注越高；相反，离边缘位置越近的关键词，基本属于该领域的研究弱点。

将相异矩阵导入 SPSS 20.0 统计分析软件中，采用多维尺度分析中的 ALSCAL 方法进行分析，距选择数据为距离数据，形状选择正对称，度量标准选择区间中的 Euclidean 距离，最终形成了如图 2.2 所示的多维尺度分析图。

由图 2.2 可以看出，多维尺度分析的结果与聚类分析的结果基本一致，但是高频关键词的分布较分散，核心词不突出。这进一步说明，关于中小企业扶持性政策领域的研究，核心不突出，层次不明显，尚未形成成熟的研究圈。结合图 2.1 中的论文发表数量可知，尽管从 1998 年开始中小企业扶持性政策引起了学界的高度关注，并在随后十几年内关注度不断上升，但由于该领域在国内仍属于新兴研究命题，所以文献发表数量的增速较为缓慢，研究深度和广度均有待进一步深化。

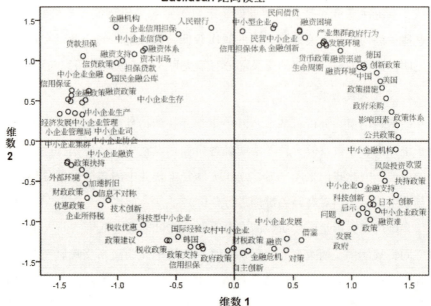

图 2.2　多维尺度分析结果

3. 社会网络分析

虽然通过多维尺度分析可以直观地看到，各关键词之间的核心—边缘关系，但仍不能准确地衡量各关键词之间关系的强弱程度。有鉴于此，本书按照叶浩平（2012）的做法，采取社会网络分析法对高频关键词所构成的多值共词矩阵进行解析，通过图解和数据相结合的方法量化各个关键词之间关系的强弱程度，以弥补多维尺度分析法的不足之处。

（1）整体性分析。将多值共词矩阵导入 UCINET6.0 软件中，利用 NE-TRAW 功能生成关键词共现图谱（见图 2.3）。其中，每一个节点均代表一个关键词；两个节点之间的双箭头表示节点两端的关键词同时出现在一篇文献中；关键词在图中所处的位置表示该关键词在所研命题中的重要程度。连线越密集，说明此关键词越处于网络的中心位置，越是该领域的研究热点。由图 2.3 可以看出，"中小企业政策"、"创新政策"、"中小企业集群"、"发展环境"、"税收优惠"、"金融支持" 等这些关乎中小企业切身利益的关键词均处于网络的边缘位置。由此可见，当前学者们对这些主题的研究尚不充足；此外，除"中小企业"外，其他关键词的分布也并未表现出明显的集中趋势。图谱中心处虽有较突出的节点，但却不存在绝对的核心节点，说明该领域的研究还比较分散，诸多问题均有待后续更系统地探讨。

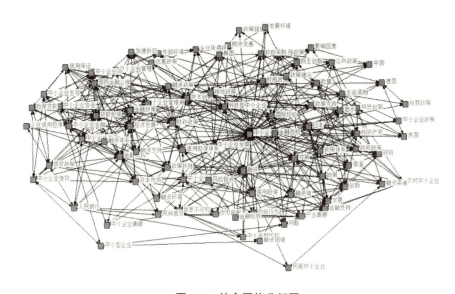

图 2.3　社会网络分析图

（2）中心性分析。这是社会网络分析的重点之一，具体包括点的度数中心度、中间中心度和接近中心度等分析。打开 UCINET 6.0 软件，依次点击 Network、centrality、2-mode Centrality，然后导入上述得到的多值共词矩阵，便生成了如表 2.5 所示的关键词中心性分析结果。下面结合图 2.3 和表 2.5 对各关键词的重要性进行详细分析。

表 2.5　中心性分析结果

序号	关键词	度数中心度	接近中心度	中介中心度	序号	关键词	度数中心度	接近中心度	中介中心度
1	中小企业	0.773	0.868	0.222	26	欧盟	0.148	0.612	0.007
2	技术创新	0.420	0.720	0.060	27	政策扶持	0.136	0.627	0.008
3	融资	0.284	0.675	0.028	28	金融政策	0.170	0.630	0.008
4	科技型中小企业	0.307	0.672	0.027	29	政策支持	0.102	0.604	0.003
5	税收政策	0.193	0.630	0.012	30	农村中小企业	0.102	0.514	0.002
6	对策	0.193	0.633	0.011	31	中小企业金融	0.182	0.582	0.007
7	中小企业融资	0.159	0.627	0.010	32	企业所得税	0.102	0.606	0.003
8	贷款担保	0.318	0.636	0.022	33	中小企业集群	0.068	0.516	0.001
9	金融机构	0.307	0.679	0.033	34	科技创新	0.125	0.598	0.005
10	金融危机	0.170	0.627	0.008	35	启示	0.114	0.595	0.004
11	财税政策	0.148	0.621	0.007	36	融资政策	0.193	0.642	0.014
12	日本	0.205	0.630	0.012	37	借鉴	0.102	0.587	0.003
13	信用担保	0.114	0.604	0.003	38	信用保证	0.148	0.553	0.003
14	政策建议	0.136	0.615	0.006	39	中小企业管理	0.148	0.577	0.003
15	政策	0.125	0.598	0.004	40	中小企业发展	0.125	0.618	0.005
16	发展	0.136	0.595	0.005	41	扶持性政策	0.125	0.601	0.005
17	税收优惠	0.080	0.595	0.005	42	风险投资	0.136	0.627	0.006
18	创新	0.148	0.593	0.007	43	中小企业政策	0.057	0.562	0.001
19	优惠政策	0.080	0.606	0.002	44	政府	0.125	0.580	0.003
20	经济发展	0.205	0.649	0.012	45	外部环境	0.091	0.606	0.004
21	信息不对称	0.125	0.624	0.009	46	金融支持	0.159	0.595	0.007
22	财政政策	0.205	0.645	0.013	47	知识产权	0.125	0.598	0.004
23	小企业管理局	0.239	0.655	0.017	48	问题	0.114	0.587	0.007
24	自主创新	0.102	0.601	0.003	49	国际经验	0.148	0.615	0.006
25	融资难	0.114	0.590	0.003	50	中小企业司	0.148	0.572	0.003

续表

序号	关键词	度数中心度	接近中心度	中介中心度	序号	关键词	度数中心度	接近中心度	中介中心度
51	中小企业协会	0.136	0.562	0.005	70	担保贷款	0.148	0.535	0.004
52	中小金融机构	0.068	0.582	0.002	71	民营中小企业	0.045	0.483	0.001
53	公共政策	0.091	0.595	0.003	72	政府行为	0.068	0.595	0.002
54	信贷政策	0.136	0.535	0.004	73	融资渠道	0.068	0.567	0.003
55	创新政策	0.045	0.560	0.001	74	信用担保体系	0.148	0.630	0.007
56	政策体系	0.091	0.598	0.003	75	德国	0.080	0.567	0.002
57	影响因素	0.080	0.595	0.003	76	金融创新	0.091	0.587	0.002
58	中小企业生存	0.114	0.548	0.003	77	人民银行	0.114	0.522	0.003
59	政策措施	0.045	0.585	0.001	78	民间借贷	0.080	0.598	0.003
60	中小企业生产	0.17	0.595	0.008	79	融资困境	0.057	0.577	0.003
61	政府采购	0.080	0.593	0.002	80	加速折旧	0.125	0.572	0.003
62	货币政策	0.102	0.606	0.004	81	企业信用担保	0.091	0.520	0.002
63	中小企业信贷	0.125	0.520	0.004	82	产业集群	0.102	0.582	0.003
64	融资环境	0.068	0.598	0.001	83	资本市场	0.136	0.633	0.007
65	融资体系	0.125	0.624	0.005	84	韩国	0.080	0.595	0.002
66	美国	0.068	0.565	0.001	85	中小型企业	0.057	0.485	0.001
67	发展环境	0.057	0.575	0.001	86	政府政策	0.102	0.590	0.003
68	融资支持	0.125	0.624	0.005	87	生命周期	0.091	0.601	0.004
69	中国	0.068	0.567	0.001	88	国民金融公库	0.159	0.577	0.004

1）指标分析。如果一个点与其他许多点相连，说明该点具有较高的度数中心度；点的度数中心度越大，表示该点在网络中越处于核心位置。如果一个点与网络中与之有联系的点的距离均很近，说明该点具有较高的接近中心度。点的中间中心度也叫中介中心度，是指一个关键词在多大程度上位于其他点对的中间。点的中间中心度越大，表示该点位置越重要（刘军，2014）。

从表2.5和图2.3可以看出，"中小企业"的度数中心度和中间中心度均为最高，切中本书的研究主题。"技术创新"是继"中小企业"之后度数中心度和中间中心度指标最大的关键词，并且其与其他关键词共现的频次也较高，这均说明技术创新已成为中小企业领域研究的重要命题。"贷款担保"、"金融机构"、"科技型中小企业"、"融资"的度数中心度和中间中心度也较高，说明这些关键词的核心地位。而"创新政策"、"中小企业生产"、"民营中小企业"、"中小企业政策"、"发展环境"、"融资困境"等关键词，点的度数中心度、接近中心度和中间中心度均较低，说明这些关键词尚处于所研命题的边缘位置。

2) 相关分析。一般而言，点的度数中心度、接近中心度和中间中心度三个指标之间应具有相关性。尤其是度数中心度和中间中心度指标应高度相关。然而，从表2.5可以看出，当点的度数中心度按降序排列时，点的接近中心度和中间中心度并未完全呈现降序排列，三个指标之间并未表现出完全一致的走势。

对比点的度数中心度和接近中心度两列数值可知，"技术创新"、"融资"、"科技型中小企业"、"金融机构"等关键词表现出较高的度数中心度和较低的接近中心度，说明这些关键词有一定的研究热度，但与其共现的关键词却并未成为研究的热点；"中小企业集群"、"民营中小企业"、"企业信用担保"、"中小型企业"等关键词表现出较低的度数中心度和较高的接近中心度，说明这些关键词本身并不是研究的热点，但和这些关键词相连接的其他词汇却是该领域的研究热点，使得这些关键词在该网络中处于核心位置，对这些关键词的研究可能会有新的突破点。

对比点的度数中心度和中间中心度两列数值可知，"金融危机"、"中小企业融资"、"财政政策"、"金融政策"、"中小企业金融"、"金融支持"、"国民金融公库"等关键词表现出了较高的度数中心度和较低的中间中心度。这说明这些关键词有着较高的研究热度，但交叉研究尚不充分。

（四）结果分析

通过对高频关键词的共词矩阵进行聚类分析、多维尺度分析和社会网络分析，本书得到以下研究结论：①由中心性分析可知，"中小企业"、"技术创新"、"贷款担保"、"科技型中小企业"、"金融机构"、"融资"等关键词是当前中小企业扶持性政策研究的核心问题，聚类分析在此基础上增加了"扶持性政策"，这些主题共同构成了中小企业扶持性政策执行研究的基础框架，而"中小企业集群"、"民营中小企业"、"企业信用担保"将成为中小企业扶持性政策执行领域的未来研究重点。②聚类分析和多维尺度分析结果显示，当前关于中小企业方面的研究分类相对模糊、研究方向尚不清晰，研究焦点较为分散。

综上所述，虽然学界已有不少学者开始关注中小企业发展问题，但是大多局限于中小企业发展的某一局部问题，交叉性研究较为欠缺，对中小企业扶持性政策执行问题还有待后续的系统性研究和探讨。

三、本章小结

为有效总结我国中小企业扶持性政策执行研究现状，本章通过文献研究法和共词分析法，对该领域相关研究主题进行了一定程度的定性梳理和定量分析。首先，以知网 CSSCI 社会科学引文索引为数据来源，收集相关文献，并利用 SATI 3.2 获得高频关键词的多值共词矩阵、相关矩阵和相异矩阵，作为后续分析的原始数据；其次，采用聚类分析法，多维尺度分析法和社会网络分析法对高频关键词的相应矩阵进行分析；最后，分析所得相应图表，并总结中小企业扶持性政策执行方面的研究现状及不足，为后文内容的开展做出铺垫。

第三章 中小企业扶持性政策执行实践现状

一、我国中小企业扶持性政策执行实践现状

（一）我国中小企业扶持性政策梳理

随着改革开放的逐步推进以及市场经济的不断发展，我国中小企业经历了从小到大、从弱到强的演变历程，并在推动国民经济发展、增加财税收入、拉动社会就业等方面发挥了不可替代的作用。近年来，中国经济持续保持中高速增长，成为全球经济复苏和可持续发展不可或缺的发动机。目前，我国中小企业具有"五六七八九"的典型特征，即贡献了 50% 以上的税收、60% 以上的 GDP、70% 以上的技术创新、80% 以上的城镇劳动就业、90% 以上的企业数量。这些特征表明了中小企业是国民经济和社会发展的主力军，是建设现代化经济体系、推动经济实现高质量发展的重要基础，是扩大就业、改善民生的重要支撑，是企业家精神的重要发源地。所以，做好中小企业服务工作，对稳就业、稳金融、稳投资、稳外资、稳外贸、稳预期、增强经济长期竞争力均具有重要意义。

随着我国在互联网通信方面的快速发展，诞生了一些核心企业，如华为、

腾讯、阿里巴巴等。这些民营企业不仅市场占有率高，品牌影响力大，而且在各自的核心领域中也占据一定优势。这个蜕变过程不仅是长期技术创新、市场创新、产品创新等自身发展的结果，而且是国家改革开放和政策扶持的结果。与大型企业相比，中小企业面临技术落后、资金匮乏、引进人才困难等难题，更需要国家政策的扶持和帮助。为此，国家领导人多次在政府工作报告中指出"应鼓励支持和引导非公有制经济发展。为非公有制企业创造平等竞争的法制环境、政策环境和市场环境，进一步放宽非公有制资本进入的行业领域，拓宽非公有制企业融资渠道，依法保护私有财产和非公有制企业的权益"。这些举措无疑为我国中小企业外部生存及发展环境的改善提供了良好的政策保障。本节将总结国家层面出台的中小企业扶持性政策，具体表现在财政政策、环境政策、采购政策、投融资政策、税收政策及商事政策等方面。

1. 财政政策方面

全国中小企业扶持性财政政策涉及的范围较广，且制度较为完善。在政策内容方面，表现出明显的指向性和引导性。在指向性方面，如表 3.1 所示，《财政部 国家税务总局关于进一步扩大小型微利企业所得税优惠政策范围的通知》中针对中小企业指出"对年应纳税所得额在 20 万元到 30 万元（含 30 万元）的小型微利企业，其所得减按 50% 计入应纳税所得额，按 20% 的税率缴纳企业所得税"。政府进一步扩大小型微利企业所得税优惠政策范围，以使更多的中小企业享受政策福利。在引导性方面，《关于延长高新技术企业和科技型中小企业亏损结转年限的通知》中明确规定，"当年具备高新技术企业或科技型中小企业资格（以下统称资格）的企业，其具备资格年度之前 5 个年度发生的尚未弥补完的亏损，准予结转以后年度弥补，最长结转年限由 5 年延长至 10 年"。

表 3.1　全国中小企业扶持性财政政策

部门	发文时间	文号	标题	主要内容
国家税务总局、财政部	2014/07/04	财税〔2014〕55 号	《财政部 国家税务总局关于公共基础设施项目享受企业所得税优惠政策问题的补充通知》	企业投资经营符合《公共基础设施项目企业所得税优惠目录》规定条件和标准的公共基础设施项目，采用一次核准、分批次（如码头、泊位、航站楼、跑道、路段、发电机组等）建设的，凡同时符合条件的，可按每一批次为单位计算所得，并享受企业所得税"三免三减半"优惠
财政部	2014/09/25	财税〔2014〕71 号	《财政部 国家税务总局关于进一步支持小微企业增值税和营业税政策的通知》	自 2014 年 10 月 1 日起至 2015 年 12 月 31 日，对月销售额 2 万元（含本数，下同）至 3 万元的增值税小规模纳税人，免征增值税；对月营业额 2 万元至 3 万元的营业税纳税人，免征营业税
财政部	2014/10/24	财税〔2014〕78 号	《财政部 国家税务总局关于金融机构与小型微型企业签订借款合同免征印花税的通知》	自 2014 年 6 月 1 日起，在全国中小企业股份转让系统买卖、继承、赠与股票所书立的股权转让书据，依书立时实际成交金额，由出让方按 1‰的税率计算缴纳证券（股票）交易印花税
国家税务总局	2014/12/23	财税〔2014〕122 号	《财政部 国家税务总局关于对小微企业免征有关政府性基金的通知》	免收小型微型企业发票工本费、政府性基金、船舶港务费等
国家税务总局	2015/09/02	财税〔2015〕99 号	《财政部 国家税务总局关于进一步扩大小型微利企业所得税优惠政策范围的通知》	自 2015 年 10 月 1 日起至 2017 年 12 月 31 日，对年应纳税所得额在 20 万元到 30 万元（含 30 万元）的小型微利企业，其所得减按 50%计入应纳税所得额，按 20%的税率缴纳企业所得税

部门	发文时间	文号	标题	主要内容
国家税务总局	2016/09/28	税总函〔2016〕496号	《国家税务总局关于做好股权激励和技术入股所得税政策贯彻落实工作的通知》	财政部和税务总局联合制发了《关于完善股权激励和技术入股有关所得税政策的通知》，如下：①高度重视，切实强化组织领导；②全面宣传，及时开展政策培训；③优化服务，提升业务办理效率；④完善管理，形成协同共治合力；⑤加强分析，强化舆情监测应对
财政部、科技部、国家税务总局	2017/05/02	财税〔2017〕34号	《财政部 税务总局科技部关于提高科技型中小企业研究开发费用税前加计扣除比例的通知》	科技型中小企业开展研发活动中实际发生的研发费用，未形成无形资产计入当期损益的，在按规定据实扣除的基础上，在2017年1月1日至2019年12月31日期间，再按照实际发生额的75%在税前加计扣除；形成无形资产的，在上述期间按照无形资产成本的175%在税前摊销
国家税务总局	2017/06/19	税总发〔2017〕24号	《国家税务总局关于实施高新技术企业所得税优惠政策有关问题的公告》	企业获得高新技术企业资格后，自高新技术企业证书注明的发证时间所在年度起申报享受税收优惠，并按规定向主管税务机关办理备案手续
财政部	2018/05/07	财税〔2018〕54号	《关于设备 器具扣除有关企业所得税政策的通知》	企业在2018年1月1日至2020年12月31日期间新购进的设备、器具，单位价值不超过500万元的，允许一次性计入当期成本费用在计算应纳税所得额时扣除，不再分年度计算折旧
财政部	2018/07/11	财税〔2018〕76号	《关于延长高新技术企业和科技型中小企业亏损结转年限的通知》	自2018年1月1日起，当年具备高新技术企业或科技型中小企业资格（以下统称资格）的企业，其具备资格年度之前5个年度发生的尚未弥补完的亏损，准予结转以后年度弥补，最长结转年限由5年延长至10年

部门	发文时间	文号	标题	主要内容
财政部	2018/07/11	财税〔2018〕77号	《关于进一步扩大小型微利企业所得税优惠政策范围的通知》	自2018年1月1日至2020年12月31日，将小型微利企业的年应纳税所得额上限由50万元提高至100万元，对年应纳税所得额低于100万元（含100万元）的小型微利企业，其所得减按50%计入应纳税所得额，按20%的税率缴纳企业所得税
财政部	2019/01/23	财税〔2019〕8号	《关于创业投资企业个人合伙人所得税政策问题的通知》	按照"经营所得"项目计税的个人合伙人，没有综合所得的，可依法减除基本减除费用、专项扣除、专项附加扣除以及国务院确定的其他扣除。从多处取得经营所得的，应汇总计算个人所得税，只减除一次上述费用和扣除

2. 环境政策方面

服务、人才、平台，不仅是中小企业成功不可或缺的资源，同时也是政府打造良好营商环境的必备。表3.2集结了近年来中小企业扶持性环境政策。

在服务政策方面，《"铁拳"出击 严厉打击侵犯知识产权违法行为》中指出，"要加大对商标侵权、假冒专利、专利侵权、地理标志侵权、特殊标志侵权等违法行为的查处力度，加强电子商务、重点商品交易市场及外商投资等领域执法，切实提高违法成本，对内外资企业一视同仁，平等保护中外权利人的知识产权"。此外，政府还出台了中小企业孵化器、科技园、众创空间、校企合作等政策，为中小企业提升产品和服务提供了良好的创新环境。

在人才政策方面，《财政部 国家税务总局关于高新技术企业职工教育经费税前扣除政策的通知》指出，"高新技术企业发生的职工教育经费支出，不超过工资薪金总额8%的部分，准予在计算企业所得税应纳税所得额时扣除；超过部分，准予在以后纳税年度结转扣除"。同时，国家及各省市层面的人才引进计划，不仅为各行各业的优秀人才提供了良好的发展契机，同时也为该区域的企业创造了难得的人才引进机遇。

在平台政策方面，国家商务部颁布的《商务部关于促进商贸物流发展的实施意见》中提到，"促进商贸物流发展，降低物流成本，引导企业做大做强，完善服务体系，更好地保障供给，支撑国民经济稳步增长"。《国务院办公厅关于促进平台经济规范健康发展指导意见》中规定"强化政府部门监督执法职责，不得将本该由政府承担的监管责任转嫁给平台"，从而为各类平台的建设发展提供了扎实的政策依据。

表3.2　全国中小企业扶持性环境政策

部门	发文时间	文号	标题	主要内容
商务部	2014/09/22	商流通函〔2014〕790号	《商务部关于促进商贸物流发展的实施意见》	促进商贸物流发展，降低物流成本，引导企业做大做强，完善服务体系，更好地保障供给，支撑国民经济稳步增长
工业和信息化部	2014/12/25	工信部通〔2014〕577号	《工业和信息化部关于向民间资本开放宽带接入市场的通告》	鼓励民营企业参与宽带接入网络的投资并与基础电信企业合作。支持民营企业以资本合作、业务代理、网络代维等多种形式和基础电信企业开展合作、分享收益，并以基础电信企业品牌为用户提供宽带上网服务
国家外汇管理局	2015/02/11	汇综发〔2015〕35号	《国家外汇管理局综合司关于扩大企业联机接口服务应用范围的通知》	企业联机接口服务用于实现企业自身业务系统与外汇局业务系统以后台接口方式直接对接，开展企业自身业务数据的查询、报送等实时业务办理工作，已开通货物贸易外汇监测系统、国际收支网上申报系统联机接口服务，将根据需要逐步扩展服务领域

续表

部门	发文时间	文号	标题	主要内容
国家税务总局	2015/05/08	税总发〔2015〕34号	《国家税务总局关于企业工资薪金和职工福利费等支出税前扣除问题的公告》	企业接受外部劳务派遣用工所实际发生的费用，应分两种情况按规定在税前扣除：按照协议（合同）约定直接支付给劳务派遣公司的费用，应作为劳务费支出；直接支付给员工个人的费用，应作为工资薪金支出和职工福利费支出。其中属于工资薪金支出的费用，准予计入企业工资薪金总额的基数，作为计算其他各项相关费用扣除的依据
国家税务总局	2015/06/09	财税〔2015〕63号	《财政部　国家税务总局关于高新技术企业职工教育经费税前扣除政策的通知》	高新技术企业发生的职工教育经费支出，不超过工资薪金总额8%的部分，准予在计算企业所得税应纳税所得额时扣除；超过部分，准予在以后纳税年度结转扣除
科技部、财政部、国家税务总局	2017/07/21	国科发政〔2017〕211号	《科技部 财政部 国家税务总局关于进一步做好企业研发费用加计扣除政策落实工作的通知》	为贯彻落实国务院关于"简政放权、放管结合、优化服务"要求，强化政策服务，降低纳税人风险，增强企业获得感，根据《关于完善研究开发费用税前加计扣除政策的通知》（财税〔2015〕119号）的有关规定，现就进一步做好企业研发费用加计扣除政策落实工作通知
国家税务总局	2017/09/30	税总发〔2017〕125号	《国家税务总局办公厅关于全面推行财政票据电子化管理系统的通知》	自2018年1月1日起在国税系统，全面开展财政票据电子化改革，统一部署、安装运行财政票据电子化管理系统，全面实施财政票据电子化管理，启用机打财政票据，停用手工财政票据

部门	发文时间	文号	标题	主要内容
财政部	2018/11/23	财税〔2018〕136号	《关于进一步落实重点群体创业就业税收政策的通知》	各级财政、税务、人力资源社会保障等部门要健全信息共享机制，优化办税流程；主动做好政策宣传和解释工作，使企业和困难群体知悉和理解相关政策；加强调查研究，密切跟踪税收政策执行情况，及时解决政策落地过程中出现的困难和问题
市场监督管理总局	2019/04/26	国市监〔2019〕94号	《"铁拳"出击严厉打击侵犯知识产权违法行为》	要加大对商标侵权、假冒专利、专利侵权、地理标志侵权、特殊标志侵权等违法行为的查处力度，加强电子商务、重点商品交易市场及外商投资等领域执法，切实提高违法成本，对内外资企业一视同仁，平等保护中外权利人的知识产权
市场监督管理总局	2019/08/03	国市监〔2019〕150号	《治理规范涉企收费 营造国际一流营商环境》	要求企业反映违规收费较为普遍的各商业银行总行，严格对照"七不准、四公开"，在全行组织自查自纠，坚决清理规范商业银行分支机构存在的违规收费行为
国务院	2019/08/08	国办发〔2019〕38号	《国务院办公厅关于促进平台经济规范健康发展指导意见》	明确平台在经营者信息核验、产品和服务质量、平台（含APP）索权、消费者权益保护、网络安全、数据安全、劳动者权益保护等方面的相应责任，强化政府部门监督执法职责，不得将本该由政府承担的监管责任转嫁给平台

3. 采购政策方面

公开、透明是政府采购管理制度的重要原则。做好政府采购信息公开工作，既是全面深化改革、建立现代财政制度的必然要求，也是加强社会监督、提升政府公信力的重要举措，对于规范政府采购行为，维护政府采购活动的公开、公平和公正具有重要意义。表 3.3 汇总了近年来全国中小企业扶持性采购政策。

国家税务总局和财政部联合发布的《财政部关于做好政府采购信息公开工作的通知》中明确指出，采购信息公开工作的总体要求"建立健全责任明确的工作机制、简便顺畅的操作流程和集中统一的发布渠道，确保政府采购信息发布的及时、完整、准确，实现政府采购信息的全流程公开透明"。为了体现公平原则，《政府采购代理机构管理暂行办法》文件中着重强调"任何单位和个人不得以摇号、抽签、遴选等方式干预采购人自行选择代理机构"。

财政部在《关于坚决制止地方以政府采购服务名义违法违规融资的通知》中，明确了"严禁利用或虚构政府购买服务合同违法违规融资。金融机构涉及政府购买服务的融资审查，必须符合政府预算管理制度相关要求，做到依法合规"。

表 3.3　全国中小企业扶持性采购政策

部门	发文时间	文号	标题	主要内容
国家税务总局	2015/08/28	税总函〔2015〕466号	《财政部关于做好政府采购信息公开工作的通知》	建立健全责任明确的工作机制、简便顺畅的操作流程和集中统一的发布渠道，确保政府采购信息发布的及时、完整、准确，实现政府采购信息的全流程公开透明

部门	发文时间	文号	标题	主要内容
财政部	2019/07/23	税总函〔2015〕466号	《财政部关于做好政府采购信息公开工作的通知》	加强政府采购透明度建设。完善政府采购信息发布平台服务功能。中国政府采购网及地方分网等政府采购信息发布平台应当提供便捷、免费的在线检索服务，向市场主体无偿提供所有依法公开的政府采购信息
国务院	2016/06/27	国办发〔2016〕48号	《国务院办公厅关于成立政府购买服务改革工作领导小组的通知》	统筹协调政府购买服务改革，组织拟订政府购买服务改革重要政策措施，指导各地区、各部门制定改革方案、明确改革目标任务、推进改革工作，研究解决跨部门、跨领域的改革重点难点问题，督促检查重要改革事项落实情况
财政部	2017/06/02	财预〔2017〕87号	《关于坚决制止地方以政府购买服务名义违法违规融资的通知》	严禁利用或虚构政府购买服务合同违法违规融资。金融机构涉及政府购买服务的融资审查，必须符合政府预算管理制度相关要求，做到依法合规
财政部	2018/01/04	财库〔2018〕2号	《政府采购代理机构管理暂行办法》	任何单位和个人不得以摇号、抽签、遴选等方式干预采购人自行选择代理机构

4. 投融资政策方面

为缓解中小企业融资难、融资贵问题，政府先后颁布了诸多政策条款。一方面，通过免收中小企业贷款利息增值税，降低中小企业融资门槛。如表3.4所示，《关于金融机构小微企业贷款利息收入免征增值税政策的通知》中规定，"自2018年9月1日至2020年12月31日，对金融机构向小型企业、微型企业和个体工商户发放小额贷款取得的利息收入，免征增值税"。另一方面，通过降低融资成本，有效解决融资贵难题。例如，《财政部 国家税务总局关于支持小微企业融资有关税收政策的通知》中规定，"自 2018 年 1 月 1 日至 2020 年 12 月 31 日，对金融机构与小型企业、微型企业签订的借款合同免征印花税"。

表 3.4　全国中小企业扶持性投融资政策

部门	发文时间	文号	标题	主要内容
国家税务总局	2015/06/11	财税〔2015〕67 号	《财政部 国家税务总局关于中国农业银行三农金融事业部涉农贷款营业税优惠政策的通知》	为深入贯彻落实党的十八届三中、四中全会精神，按照深化财税体制改革、实施公开透明预算制度的总体部署
商务部	2016/01/08	商财函〔2016〕6 号	《商务部 中国出口信用保险公司关于支持中小外贸企业提升国际化经营能力的通知》	支持中小外贸企业提高经营管理信息化水平；支持中小外贸企业提高经营管理科学决策水平；支持中小外贸企业增强全面风险管理能力；支持中小外贸企业培育竞争新优势
国务院	2016/07/18	中发〔2016〕18 号	《中共中央 国务院关于深化投融资体制改革的意见》	依托多层次资本市场体系，拓宽投资项目融资渠道，支持有真实经济活动支撑的资产证券化，盘活存量资产，优化金融资源配置，更好地服务投资兴业。结合国有企业改革和混合所有制机制创新，优化能源、交通等领域投资项目的直接融资
国家税务总局	2017/10/26	财税〔2017〕77 号	《财政部 税务总局关于支持小微企业融资有关税收政策的通知》	自 2018 年 1 月 1 日至 2020 年 12 月 31 日，对金融机构与小型企业、微型企业签订的借款合同免征印花税

部门	发文时间	文号	标题	主要内容
财政部	2018/09/05	财税〔2018〕91号	《关于金融机构小微企业贷款利息收入免征增值税政策的通知》	自2018年9月1日至2020年12月31日，对金融机构向小型企业、微型企业和个体工商户发放小额贷款取得的利息收入，免征增值税
国务院	2018/11/08	国办发〔2018〕104号	《国务院办公厅关于聚焦企业关切进一步推动优化营商环境政策落实的通知》	人民银行要牵头会同有关部门疏通货币信贷政策传导机制，综合运用多种工具，细化监管措施，强化政策协调，提高政策精准度，稳定市场预期
财政部	2019/08/23	财税〔2019〕85号	《关于金融企业涉农贷款和中小企业贷款损失准备金税前扣除有关政策的公告》	融资企业发生的符合条件的涉农贷款和中小企业贷款损失，应先冲减已在税前扣除的贷款损失准备金，不足冲减部分可据实在计算应纳税所得额时扣除
国务院	2019/02/14	中发〔2019〕2号	《关于加强金融服务民营企业的若干意见》	加大直接融资支持力度。积极支持符合条件的民营企业扩大直接融资。完善股票发行和再融资制度，加快民营企业首发上市和再融资审核进度。深化上市公司并购重组体制机制改革。结合民营企业合理诉求，研究扩大定向可转债适用范围和发行规模

5. 税收政策方面

表3.5汇总了近年来国家层面所颁布的中小企业扶持性税收政策。例如，《财政部 国家税务总局关于进一步支持小微企业增值税和营业税政策的通知》中规定，"自2014年10月1日起至2015年12月31日，对月销售额2万元（含本数，下同）至3万元的增值税小规模纳税人，免征增值税；对月营业额2万元至3万元的营业税纳税人，免征营业税"。该政策通过在一定时间范

围内，免征增值税和营业税来鼓励小微企业。《国家税务总局关于实施小型微利企业普惠性所得税减免政策有关问题的公告》指出，"对小型微利企业年应纳税所得额不超过 100 万元的部分，减按 25% 计入应纳税所得额，按 20% 的税率缴纳企业所得税；对年应纳税所得额超过 100 万元但不超过 300 万元的部分，减按 50% 计入应纳税所得额，按 20% 的税率缴纳企业所得税"。该政策通过免除一定比例的企业所得税来支持小型微利企业的发展。

表 3.5 全国中小企业扶持性税收政策

部门	发文时间	文号	标题	主要内容
国家税务总局、财政部	2014/07/04	财税〔2014〕55 号	《财政部 国家税务总局关于公共基础设施项目享受企业所得税优惠政策问题的补充通知》	企业投资经营符合《公共基础设施项目企业所得税优惠目录》规定条件和标准的公共基础设施项目，采用一次核准、分批次（如码头、泊位、航站楼、跑道、发电机组等）建设的，凡同时符合条件的，可按每一批次为单位计算所得，并享受企业所得税"三免三减半"优惠
国家税务总局、财政部	2014/09/25	财税〔2014〕71 号	《财政部 国家税务总局关于进一步支持小微企业增值税和营业税政策的通知》	自 2014 年 10 月 1 日起至 2015 年 12 月 31 日，对月销售额 2 万元（含本数，下同）至 3 万元的增值税小规模纳税人，免征增值税；对月营业额 2 万元至 3 万元的营业税纳税人，免征营业税
国家税务总局、财政部	2014/10/24	财税〔2014〕78 号	《财政部 国家税务总局关于金融机构与小型微型企业签订借款合同免征印花税的通知》	自 2014 年 6 月 1 日起，在全国中小企业股份转让系统买卖、继承、赠与股票所书立的股权转让书据，依书立时实际成交金额，由出让方按 1‰ 的税率计算缴纳证券（股票）交易印花税

部门	发文时间	文号	标题	主要内容
国家税务总局、财政部	2014/12/23	财税〔2014〕122号	《财政部 国家税务总局关于对小微企业免征有关政府性基金的通知》	免收小型微型企业发票工本费、政府性基金、船舶港务费等
国家税务总局、财政部	2016/16/20	财税〔2016〕101号	《财政部 国家税务总局关于完善股权激励和技术入股有关所得税政策的通知》	非上市公司授予本公司员工的股票期权、股权期权、限制性股票和股权奖励，符合规定条件的，经向主管税务机关备案，可实行递延纳税政策，即员工在取得股权激励时可暂不纳税，递延至转让该股权时纳税
国家税务总局、财政部	2017/03/21	财税〔2017〕22号	《财政部 国家税务总局关于中小企业融资（信用）担保机构有关准备金企业所得税税前扣除政策的通知》	符合条件的中小企业融资（信用）担保机构按照不超过当年担保费收入50%的比例计提的未到期责任准备，允许在企业所得税前扣除，同时将上年度计提的未到期责任准备余额转为当期收入
国家税务总局、财政部	2017/05/22	财税〔2017〕18号	《国家税务总局关于提高科技型中小企业研究开发费用税前加计扣除比例有关问题的公告》	科技型中小企业开展研发活动实际发生的研发费用，在2019年12月31日以前形成的无形资产，在2017年1月1日至2019年12月31日期间发生的摊销费用，可适用《财政部 国家税务总局对小微企业免征有关政府性基金的通知》规定的优惠政策
国家税务总局、财政部	2017/10/26	财税〔2017〕77号	《财政部 税务总局关于支持小微企业融资有关税收政策的通知》	自2017年12月1日至2019年12月31日，对金融机构向农户、小型企业、微企及个体工商户发放小额贷款取得的利息收入，免征增值税

部门	发文时间	文号	标题	主要内容
国家税务总局、财政部	2018/05/14	财税〔2018〕55号	《财政部 国家税务总局关于创业投资企业和天使投资个人有关税收政策的通知》	公司制创业投资企业采取股权投资方式直接投资于种子期、初创期科技型企业（以下简称初创科技型企业）满2年（24个月，下同）的，可以按照投资额的70%在股权持有满2年的当年抵扣该公司制创业投资企业的应纳税所得额；当年不足抵扣的，可在以后纳税年度结转抵扣
国家税务总局、财政部	2018/08/23	财税〔2018〕45号	《国家税务总局关于延长高新技术企业和科技型中小企业亏损结转弥补年限有关企业所得税处理问题的公告》	2018年具备资格的企业，无论2013年至2017年是否具备资格，其2013年至2017年发生的尚未弥补完的亏损均准予结转以后年度弥补，最长结转年限为10年。2018年以后年度具备资格的企业，以此类推，进行亏损结转弥补税务处理
国家税务总局、财政部	2019/01/18	财税〔2019〕2号	《国家税务总局关于实施小型微利企业普惠性所得税减免政策有关问题的公告》	自2019年1月1日至2021年12月31日，对小型微利企业年应纳税所得额不超过100万元的部分，减按25%计入应纳税所得额，按20%的税率缴纳企业所得税；对年应纳税所得额超过100万元但不超过300万元的部分，减按50%计入应纳税所得额，按20%的税率缴纳企业所得税
国家税务总局、财政部	2019/01/17	财税〔2019〕13号	《关于实施小微企业普惠性税收减免政策的通知》	对小型微利企业年应纳税所得额不超过100万元的部分，减按25%计入应纳税所得额，按20%的税率缴纳企业所得税；对年应纳税所得额超过100万元但不超过300万元的部分，减按50%计入应纳税所得额，按20%的税率缴纳企业所得税

6. 商事政策方面

国家高度重视并积极转变政府职能，把"放管服"改革作为全面深化改革的重要内容，持续并加以推进。因此，在商事政策方面，政策主要通过"放管服"来优化中小企业营商环境。如表 3.6 所示，《中华人民共和国国务院令》中明文规定，"国家持续深化简政放权、放管结合、优化服务改革，最大限度减少政府对市场资源的直接配置，最大限度减少政府对市场活动的直接干预"；《国务院办公厅关于建设第二批大众创业万众创新示范基地的实施意见》指出，全面实施企业"五证合一、一照一码"、个体工商户"两证整合"，深入推进"多证合一"，从而简化企业办证流程，提高政府管理水平；《市场监管总局等五部门关于持续深化压缩企业开办时间的意见》通过大力推行标准化、智能化、自动化的全程电子化登记，建立健全"零见面"企业登记工作机制，从而降低中小企业市场运行的行政成本。

表 3.6　全国中小企业扶持性商事政策

部门	发文时间	文号	标题	主要内容
国家税务总局、科技部、财政部	2017/07/21	国科发政〔2017〕211 号	《科技部 财政部 国家税务总局关于进一步做好企业研发费用加计扣除政策落实工作的通知》	为贯彻落实国务院关于"简政放权、放管结合、优化服务"要求，强化政策服务，降低纳税人风险，增强企业获得感
国务院	2017/07/23	发国办发〔2017〕54 号	《国务院办公厅关于建设第二批大众创业万众创新示范基地的实施意见》	全面实施企业"五证合一、一照一码"、个体工商户"两证整合"，深入推进"多证合一"

部门	发文时间	文号	标题	主要内容
国家税务总局	2017/09/14	税总函〔2017〕101号	《国家税务总局关于进一步深化税务系统"放管服"改革优化税收环境的若干意见》	为深入贯彻落实党中央、国务院优化营商环境和推进"放管服"改革的系列部署,进一步深化税务系统"放管服"改革,优化税收环境,激发市场主体创业创新活力,制定本意见
国家税务总局	2017/09/15	税总函〔2017〕402号	《国家税务总局关于进一步推进"多证合一"工商共享信息运用工作的通知》	进一步巩固商事登记制度改革成果,切实减轻纳税人和基层税务人员负担
国家税务总局	2017/09/15	税总函〔2017〕403号	《国家税务总局关于取消一批涉税事项和报送资料的通知》	各地税务机关应当基于业务合理性,以还权还责于纳税人、信息互联互通、数据共享为前提,逐步取消有关事项
国家发展改革委	2017/11/03	发改财金规〔2017〕1798号	《关于加强和规范守信联合激励和失信联合惩戒对象名单管理工作的指导意见》	依法依规,审慎认定。按照"谁认定、谁负责"的原则,根据相关主体行为的诚信度和发起联合奖惩的必要性,研究制定各领域红黑名单统一认定标准,依法审慎认定红黑名单
国务院	2018/08/03	国办函〔2018〕46号	《国务院办公厅关于部分地方优化营商环境典型做法的通报》	企业投资项目承诺制改革、"多规合一"和完善工程建设项目审批体系改革、并联审批和"多图联审"等改革、区域评估改革、"标准地"改革、限时联合验收改革、强市放权改革、制定政府部门内部审批事项清单

部门	发文时间	文号	标题	主要内容
国务院	2018/11/08	国办发〔2018〕104号	《国务院办公厅关于聚焦企业关切进一步推动优化营商环境政策落实的通知》	要按照涉企许可证全覆盖的要求，抓紧梳理形成中央设定的涉及市场准入的行政审批事项清单，并组织各地区梳理地方设定的各类审批事项，在自贸试验区率先实现"证照分离"改革全覆盖，条件成熟后在全国推广
市场监管总局	2019/04/12	国市监注〔2019〕79号	《市场监管总局等五部门关于持续深化压缩企业开办时间的意见》	大力推行标准化、智能化、自动化的全程电子化登记，建立健全"零见面"企业登记工作机制；取消名称预先核准，全面推行名称自主申报与设立登记合并办理，进一步优化办理流程；各省（区、市）要统一规范本辖区内公司章程、股东会决议等标准格式参考范本，供申请人自主选择、免费使用
国务院	2019/07/27	国办函〔2019〕73号	《国务院办公厅关于调整国务院推进政府职能转变和"放管服"改革协调小组组成人员的通知》	根据工作需要和人员变动情况，国务院决定对国务院推进政府职能转变和"放管服"改革协调小组（以下简称协调小组）组成人员进行调整
国务院	2019/10/23	国令第722号	《中华人民共和国国务院令》	国家持续深化简政放权、放管结合、优化服务改革，最大限度减少政府对市场资源的直接配置，最大限度减少政府对市场活动的直接干预，加强和规范事中事后监管，着力提升政务服务能力和水平，切实降低制度性交易成本，更大激发市场活力和社会创造力，增强发展动力

（二）我国中小企业扶持性政策执行现状分析

1. 我国中小企业经营现状

我国中小企业具有数量多、分布广泛的特点，是我国国民经济发展的重要基础力量。中小企业机制灵活、具有较强集权意识，中小企业产出产品完全面对市场，与市场相互融合，具有较强的竞争力。《中国企业发展报告》中指出，中小企业是国民经济健康协调发展的重要基础，是建立社会主义市场经济体制的微观基础，是社会稳定的重要保障，对支撑经济发展起到了巨大的作用（史伟民，2009）。

中国产业信息研究网发布的《2018 年版中国中小企业发展研究及融资策略研究报告》中数据显示：2016 年末，全国规模以上中小工业企业 37.0 万户，比上年末增加 0.5 万户。其中，中型企业 5.4 万户，占中小企业户数的 14.6%；小型企业 31.6 万户，占中小型企业户数的 85.4%。由此可见，我国中小企业经营现状发展迅猛。

2. 我国中小企业扶持性政策的现状

近年来，我国越来越重视中小企业的发展，力求改变中小企业集资难、融资难等窘境，相继从财政政策、环境政策、采购政策、投融资政策、税收政策和商事政策六个方面给予中小企业大力政策支持。这些政策的出台，基本上实现了中小企业的行业全覆盖，为中小企业茁壮成长提供保障。

（1）中小企业数量日益增多。在政府扶持性政策的积极作用下，中小企业的整体经营环境得到很好的改善，中小企业的数量也呈不断增长的状态。扶持性政策为中小企业集资融资问题扩展了道路，解决了中小企业的资金来源，企业拥有了充足的现金流。

（2）中小企业对经济的贡献率不断提高。2018 年，中小企业在国家扶持性政策下保持良好的发展态势。中小企业的发展壮大使其对我国经济的贡献率不断提升，2018 年中小企业贡献了 50% 以上的税收、60% 以上的 GDP、

70%以上的技术创新、80%以上的城镇劳动就业。90%以上的中小企业是国民经济和社会发展的主力军。中小企业发展逐步壮大，势头迅猛，对经济贡献率不断提升、对我国国民经济稳步上行具有重要战略意义。

（3）中小企业的创新活力不断增强。国家大力倡导中小企业在技术创新方面的投资力度，提高企业的创新能力。对于特定创新技术，国家扶持性政策予以税收减免。在扶持政策的指导下，一些中小企业通过产业结构优化，成为高新技术企业，促进中小企业创新活力的增强。

（4）中小企业集融资难的窘境有所缓和。中小企业在发展壮大过程中，集融资难的问题一直是制约其发展的关键因素。政府着眼于拓展融资方式、融资渠道和融资担保途径，发布了多种信贷政策，在一定程度上缓解了中小企业的融资困境，为企业正常的生产经营活动提供了帮助。

（三）我国中小企业扶持性政策执行所存问题分析

国家对中小企业的扶持性政策从财政、税收、环境、投融资、采购和商事政策六个维度进行了全方位的普及，从环境、人才和资金三个方面着手扶持，给企业的创新发展提供支持和帮助。然而，中小企业的发展壮大不仅需要国家出台的扶持性政策支持，更需要的是扶持性政策能够切实落实到位。在我国中小企业扶持性政策执行过程中存在以下问题：

1. 中小企业的法律体系不够完善

我国对中小企业的扶持性政策建立在中小企业基本法基础之上，与保护、引导、扶持、反垄断等配套法律共同形成我国中小企业的法律扶持体系（王燕，2010）。在整体法制大环境下，出台的与中小企业相关的一系列政策和法规并未形成一定的法律体系，更没有具体针对中小企业的配套法律。由于中小企业的法律体系不够完善，很多政策并不能得到很好的实施。

2. 财政税收政策效果不明显

在我国对中小企业的扶持性政策中，财政政策和税收政策是国家扶持中小企业发展惯用的政策手段，同时也是持续性较长的手段。一直以来我国不断对财政、税收政策加以补充和完善，财政税收政策的支持力度不断加大，但实际效果并不明显。中央财政对中小企业发展的资金政策支持主要包括中小企业发展专项基金、中小企业服务体系专项补助资金、科技型中小企业技术创新基金、农业成果转化资金和中小企业国际市场开拓资金；然而，这些资金每年提供的总规模很少，不足 20 亿元，加上其他政策的共享资金，也不足百亿元，使得财政资金支持在中小企业发展的实际需要方面显得力不从心，而中小企业财政性资金在组织安排和使用上存在政府多头管理现象，导致资金分散，缺乏统一协调，影响财政政策对中小企业扶持的实际效果（卢望平和饶文英，2009）。

3. 融资担保体系不健全

我国中小企业担保机构数量在不断增加，但是总体效果不明显，2007 年担保机构担保资金总额和在保余额之比不足 1∶1.46（陈立芳，2008）。虽然全国已有 200 多个城市组建了中小企业融资担保机构，但相对独立，相互之间并无联系（俞建国，2002）。除融资担保体系不健全外，中小企业融资渠道十分有限。尽管国家已经专门设立小企业板和创业板，专供中小企业进行直接融资。但对多数中小企业而言门槛依旧很高，很多企业不能完成企业融资活动。

二、云南省中小企业扶持性政策执行实践现状

（一）云南省中小企业扶持性政策梳理

云南省地处西南边陲，自然禀赋丰富，同时面向南亚、东南亚国家，区位优势明显，是"一带一路"建设中连接交汇的战略支点。云南省深入贯彻

落实习近平总书记系列重要讲话和考察云南省时的重要讲话精神，积极抓住国家多个重大发展战略在云南交汇叠加的机遇，立足区位、资源、开放等优势，主动服务和融入"一带一路"建设，加快建设面向南亚、东南亚辐射中心，全方位多领域深层次推进开放型经济建设。在资源优势、区位优势和政策优势的共同作用下，2018 年完成地区生产总值 17881.12 亿元，增长8.9%，增速排全国第三位；第一产业完成增加值 2498.86 亿元，同比增长6.3%，第二产业完成增加值 6957.44 亿元，第三产业完成增加值 8424.82 亿元，同比增长 7.6%。其中，非公有制经济增加值为 8464.67 亿元，占全省生产总值的 47.34%，第一产业占比 32.5%，第二产业占比 50.48%，第三产业占比 49.15%。中小企业是公有制经济体系中的重要组成部分，具有很大的发展潜力。因此，对中小企业的扶持性政策梳理与分析将对云南省的中小企业有一定的帮助，有利于云南省中小企业的战略性发展。

1. 财政政策方面

云南省作为自然禀赋高的省份，有其自身的发展方式和过程。同时，基于国家及云南省政府在规划未来发展趋势和云南省当前经济状况欠发达的实际情况下，提出打造世界一流"三张牌"（绿色能源、绿色食品、健康生活目的地）作为八大重点产业的突破口。八大重点产业即生物医药和大健康产业、旅游文化产业、信息产业、物流产业、高原特色现代农业产业、新材料产业、先进装备制造业、食品与消费品制造业）如表 3.7 所示。《云南省财政厅关于财政支持民营经济高质量发展的实施意见》中指出，鼓励引导民营经济投向八大重点产业、世界一流"三张牌"等省重点特色产业以及数字经济等新兴产业。同时，响应国家可持续发展战略，鼓励创新环保型企业的发展。《云南省人民政府办公厅关于财政支持和促进科技成果转化的实施意见》规定"对暂不具备市场竞争力，但符合重点产业发展方向、首次投向市场的科技成果转化产品推行首购和订购制，对采购方按照成交金额的 10% 给予补助，最高可补助 500 万元"。由此可见，云南省政府对中小企业给予了大力的财政政策扶持。

表 3.7 云南省中小企业扶持性财政政策

部门	发文时间	文号	标题	主要内容
云南省人民政府	2017/09/01	云政办发〔2017〕91号	《云南省人民政府办公厅关于在公共服务领域深入推进政府和社会资本合作工作的通知》	各级财政部门要发挥财政资金引导作用，通过财政投入引导从"补建设"到"补运营"的转变，带动公共服务供给机制的转变
云南省人民政府	2018/01/19	云政办规〔2018〕1号	《云南省中小微企业贷款风险补偿资金管理办法（试行）的通知》	重点支持合作金融机构向无抵押、无质押、无担保的中小微企业发放的贷款以及向未曾获得金融机构贷款的中小微企业发放的首笔贷款。微型企业贷款额度不超过300万元，小型企业贷款额度不超过2000万元，中型企业贷款额度不超过8000万元
云南省财政厅	2018/09/07	财税〔2018〕91号	《关于金融机构小微企业贷款利息收入免征增值税政策的通知》	自2018年9月1日至2020年12月31日，对金融机构向小型企业、微型企业和个体工商户发放小额贷款取得的利息收入，免征增值税
云南省人民政府	2018/11/15	云政办发〔2018〕100号	《云南省人民政府办公厅关于支持市场主体财政资金网上公开办理的实施意见》	申请财政资金支持的市场主体根据资金管理办法、年度申报指南或通知等，在"阳光云财一网通"平台上进行申报，实现一个平台受理、行业主管部门网上通办
云南省人民政府	2019/08/07	云政办发〔2019〕3号	《云南省财政厅关于财政支持民营经济高质量发展的实施意见》	财政支持市场主体发展的资金向民营企业倾斜。省级财政支持市场主体的财政资金着力向民营暨中小企业倾斜，鼓励引导民营经济投向八大重点产业、世界一流"三张牌"等省重点特色产业以及数字经济等新兴产业

续表

部门	发文时间	文号	标题	主要内容
云南省人民政府	2019/10/22	云政办发〔2019〕86号	《云南省人民政府办公厅关于财政支持和促进科技成果转化的实施意见》	加大对重大创新产品、服务和核心关键技术首购、订购的支持力度，切实推进首台（套）技术装备示范应用。对暂不具备市场竞争力，但符合重点产业发展方向、首次投向市场的科技成果转化产品推行首购和订购制，对采购方按照成交金额的10%给予补助，最高可补助500万元

2. 环境政策方面

云南省内多个城市作为我国的新一线城市，具有一定的综合实力，但是在基础设施和工作机会方面仍然与北、上、广、深等地有很大的差距。因此，云南省从实际出发深入贯彻落实可持续发展战略，结合本省优势探讨新发展动力。《云南省人民政府办公厅关于进一步激发社会领域投资活力的实施意见》中提到"充分挖掘和利用我省气候、环境、生物资源、旅游及民族文化等优势，向民间资本全领域开放大健康产业，激发各类投资主体活力和内生动力，引导社会力量加快发展大健康产业"。同时，作为面向南亚、东南亚的窗口，云南省也需要优化通商口岸，提高服务水平，维护东南亚、南亚市场。《云南省人民政府关于印发云南省优化口岸营商环境促进跨境贸易便利化工作实施方案的通知》中称，"对标先进，高效便利。充分利用信息化、智能化手段，提高口岸监管执法和物流作业效率"。云南省中小企业扶持性环境政策如表3.8所示。

表 3.8　云南省中小企业扶持性环境政策

部门	发文时间	文号	标题	主要内容
云南省人民政府	2017/07/06	云政办发〔2017〕71号	《云南省人民政府办公厅关于重点行业和领域大数据开放开发工作的指导意见》	按照"需求导向、有序开放、授权经营、加强监管、保障安全、市场化运作"的要求，率先开放一批省重点行业和领域大数据，推动数据资源的整合与开发利用，探索我省大数据开放发展新模式
云南省人民政府	2017/07/12	云政办发〔2017〕39号	《云南省人民政府关于印发云南省加快推进旅游产业转型升级重点任务的通知》	省旅游产业发展领导小组办公室要根据各地各部门工作方案，制定全省旅游产业转型升级工作时间表及进度考核办法，建立定期督查机制，严格监督考核问责
云南省人民政府	2017/07/31	云政办发〔2017〕82号	《云南省人民政府办公厅关于进一步激发社会领域投资活力的实施意见》	充分挖掘和利用省气候、环境、生物资源、旅游及民族文化等优势，向民间资本全领域开放大健康产业，激发各类投资主体活力和内生动力，引导社会力量加快发展大健康产业
云南省人民政府	2017/07/20	云政办发〔2018〕55号	《云南省人民政府办公厅关于印发云南省进一步压缩企业开办时间实施方案的通知》	简化企业注册登记程序。完善企业电子营业执照管理系统，全面发放企业电子营业执照，推进电子营业执照在"互联网+"环境下跨区域、跨领域、跨行业应用
云南省人民政府	2017/07/28	云政办发〔2017〕78号	《云南省人民政府办公厅关于创新农村基础设施投融资体制机制的实施意见》	鼓励民间资本参与农村信息化建设。创新农村电信基础设施建设项目融资模式，支持民间资本以资本入股、业务代理、网络代维等多种形式与基础电信企业开展合作，参与农村电信基础设施建设

部门	发文时间	文号	标题	主要内容
云南省人民政府	2018/02/12	云政办发〔2018〕7号	《云南省人民政府办公厅关于进一步完善国有企业法人治理结构加强董事会建设的实施意见》	优化董事会结构和工作机构设置为重点健全董事会，使董事会成为企业改革发展的决策中心和推动主体。积极推行职业经理人制度，开展市场化选聘高级管理人员试点，对经理层成员实行市场化和契约化管理
云南省人民政府	2018/08/28	云政办发〔2018〕67号	《云南省人民政府办公厅关于积极推进供应链创新与应用的实施意见》	大力发展服务型制造。推进工业互联网建设，推动企业"上云"，建设一批服务型制造公共服务平台，发展基于供应链的生产性服务业，促进供应链高效协同、提质增效
云南省人民政府	2018/11/16	云政发〔2018〕63号	《云南省人民政府关于推动云茶产业绿色发展的意见》	支持企业新建、扩建标准化精深加工生产线，引导企业对云茶产品进行开发。规范普洱茶产品标准化生产工艺，大力促进名优滇红、滇绿茶生产工艺创新和技术推广，鼓励多茶类产品开发及茶树资源综合利用，推动企业产品工艺及质量标准体系建设，规范生产过程，提升云茶精制能力
云南省人民政府	2019/01/09	云政办函〔2019〕4号	《云南省人民政府办公厅关于做好"一部手机办事通"上线运行工作的通知》	企业和群众通过下载安装办事通，获取查询、预约、办理、缴费等办事服务和行业应用、咨询投诉等应用服务，实现上线服务事项"掌上办、指尖办"。按照统筹规划、整体设计的原则，结合企业和群众的办事需求，不断丰富完善应用功能，推动办事通迭代升级，力求"好用、易用、管用"

部门	发文时间	文号	标题	主要内容
云南省人民政府	2019/01/21	云政办函〔2019〕3 号	《云南省人民政府关于印发云南省优化口岸营商环境促进跨境贸易便利化工作实施方案的通知》	对标先进，高效便利。充分利用信息化、智能化手段，提高口岸监管执法和物流作业效率。对标先进，建立符合省口岸管理实际的口岸营商环境评价机制
云南省人民政府	2019/04/28	云政办发〔2019〕45 号	《云南省人民政府办公厅关于促进"互联网＋医疗健康"发展的实施意见》	推广应用大数据、人工智能、区块链等技术。探索基于大数据、人工智能技术的临床诊疗决策支持系统建设、应用与推广。鼓励各级医疗卫生机构与有关企业合作，发展虚拟现实、影像识别等技术。鼓励探索区块链技术在药品、疫苗、耗材等方面的防伪追溯以及商业保险理赔应用，构建医疗数据可信体系
云南省人民政府	2019/07/22	云政发〔2019〕20 号	《云南省人民政府关于切实解决吸引外资"盲点""痛点""难点"促进外资增长的意见》	支持外资在省设立合资证券公司、证券投资基金管理公司、期货公司、寿险公司，外资股比不超过51%。取消50万人口以上城市燃气、热力管网需由中方控股的限制。及时跟进落实国家对《外商投资准入特别管理措施（负面清单）》的调整修改
云南省人民政府	2019/11/22	云政办函〔2019〕142 号	《云南省人民政府办公厅关于建立营商环境"红黑榜"制度的通知》	优化营商环境领导小组办公室组织评分。依据省直牵头单位的核验结果，由省优化营商环境领导小组办公室组织有关单位，采用百分制，根据前沿距离法和各指标评价权重，分别计算各州、市单项指标得分和评价总分，形成各州、市营商环境"红黑榜"，按程序报请省优化营商环境领导小组审定

3. 采购政策方面

在采购政策方面，云南省政府重点面向环保节约型企业，鼓励对重点产业的扶持，通过政策引导来使企业打造环保型产品（见表3.9）。《云南省人民政府办公厅关于印发云南省加快新能源汽车推广应用工作方案的通知》中提到"在政府采购、公共出行、城市物流等公共领域加强推广示范，大力倡导绿色出行，加快完善充电基础设施建设，营造充电便利化环境，激发社会新能源汽车购买热情，促进我省新能源汽车保有量快速增长"。政策强调便捷和公平，主要体现在《云南省财政厅关于全面清理政府采购领域妨碍统一市场与公平竞争的规定和做法的通知》中："若政府采购供应商、代理机构、评审专家、社会公众等发现我省政府采购领域存在的妨碍统一市场和公平竞争的规定和做法，可书面向同级财政部门反映。"

表3.9　云南省中小企业扶持性采购政策

部门	发文时间	文号	标题	主要内容
云南省财政厅	2016/07/04	云财采〔2016〕17号	《云南省政府采购项目进入公共资源交易中心交易规则（暂行）的通知》	公共资源交易中心在政府采购活动中应遵循非营利性的原则，不得对采购代理机构、供应商违规收取投标保证金、履约保证金等费用，也不得要求采购代理机构或采购人对现场监督人员以及交易中心的工作人员支付评审费、劳务费等报酬，增加政府采购成本
云南省财政厅	2018/02/13	云财采〔2018〕5号	《云南省财政厅关于优化省级政府采购管理流程加强事中事后监督的通知》	优化政府采购事前管理，采购单位对依法编制政府采购预算和进行政府采购实施计划备案后开展政府采购活动负主体责任；强化政府采购事中事后监督，采购单位对依法开展政府采购活动和签订采购合同并进行采购合同备案负主体责任

续表

部门	发文时间	文号	标题	主要内容
云南省政府	2018/09/11	云政办发〔2018〕74号	《云南省人民政府办公厅关于印发云南省加快新能源汽车推广应用工作方案的通知》	突出重点行业领域，通过积极引导新能源汽车私人消费，在政府采购、公共出行、城市物流等公共领域加强推广示范，大力倡导绿色出行，加快完善充电基础设施建设，营造充电便利化环境，激发社会新能源汽车购买热情，促进省新能源汽车保有量快速增长，将省清洁能源优势转化为经济优势和发展优势，为推动云南省建设成为全国生态文明建设排头兵、中国最美丽省份作出积极贡献
云南省财政厅	2018/10/22	云财采〔2018〕16号	《云南省财政厅关于进一步深化"放管服"改革全面实行省级政府采购备案审批事项网上办理的通知》	从2018年11月1日起，对政府采购方式变更审批事项、政府采购进口产品核准事项实行网上办理，申请材料齐全且符合法定审批、核准条件的一次办结
云南省财政厅	2018/11/28	云财采〔2018〕18号	《云南省财政厅关于加强省级政府采购项目单一来源采购管理的通知》	单一来源采购应当遵循公开透明、公平竞争原则、公正原则和诚实信用原则。采购人应当深入了解供应商提供的产品性能和成本，在保证采购项目质量的前提下，按照物有所值原则与供应商进行协商，本着互利和有效原则合理确定采购预算
云南省财政厅	2019/01/25	云财采〔2019〕1号	《云南省财政厅关于全省部署应用云南省政府采购管理信息系统的通知》	省财政厅负责统一建设、升级和部署云南省政府采购网暨政采系统，供各州（市）、县（市、区）财政部门使用

部门	发文时间	文号	标题	主要内容
云南省财政厅	2019/09/20	云财采〔2019〕11号	《云南省财政厅关于全面清理政府采购领域妨碍统一市场与公平竞争的规定和做法的通知》	政府采购供应商、代理机构、评审专家、社会公众等发现我省政府采购领域存在的妨碍统一市场和公平竞争的规定和做法，可书面向同级财政部门反映
云南省财政厅	2019/09/21	云财规〔2019〕5号	《云南省财政厅关于促进政府采购公平竞争优化营商环境的实施意见》	破除各种不合理门槛和限制，营造公平竞争的政府采购市场环境；降低参与政府采购活动的交易成本，减轻企业负担；推进"互联网+政府采购"，提升办事和服务效率；强化政府采购政策功能，为中小微企业发展创造条件

4. 投融资政策方面

云南省中小企业相对于其他省份，数量和质量都处于劣势。企业的成长与发展离不开资金的注入，但中小企业面临融资难和融资贵的障碍。因此，云南省政府在投融资政策方面，主要针对融资难和融资贵的普遍问题来为中小企业打破发展困境（见表3.10）。在企业进行融资的环节，政府主要通过联合各大银行来为中小企业提供融资渠道，一方面，扩宽中小企业融资的范围，降低融资资格的门槛，通过政策文件来降低融资的某些成本，双管齐下，真正让中小企业在这个环节中受益。另一方面，政府还设立中小企业贷款风险补偿资金，让各大金融机构能够减少顾虑，放心地为中小企业做好融资的服务工作。《云南省中小微企业贷款风险补偿资金管理办法》中规定"鼓励和引导金融机构向有融资需求的中小微企业发放贷款，促进全省经济社会持续健康发展，设立云南省中小微企业贷款风险补偿资金"。在企业进行投资的环节，云南省政府在规范和引导企业投资方向的工作中，鼓励引导中小企业对政府大力支持的八大产业进行投资，同时设立多项优惠和补贴政策。这样不仅可以满足社会各界对环境的要求，同时还为中小企业的投资减少了一部分压力。例如，《云南省人民政府办公厅关于财政支持和促进科技成果转化的实施意见》中提到"鼓励和引导社会资本设立科技成果转化基金，省财政按有关规定给予适当补助，引导天使投资、创业投资、风险投资、产业基金投向科技成果转化。投资发生时，按照投资额给予10%以内的补助，投资发生损失时，按照损失额给予10%以内的补偿"。

表 3.10　云南省中小企业扶持性投融资政策

部门	发文时间	文号	标题	主要内容
云南省人民政府	2017/10/13	云政发〔2017〕58号	《云南省人民政府关于进一步做好当前和今后一段时期就业创业工作的实施意见》	发挥小微企业就业主渠道作用。全面落实国家规定的小微企业增值税、营业税和企业所得税等政策以及金融机构与小微企业签订借款合同免征印花税等税收政策。加大小微企业创业创新示范基地建设力度，搭建公共服务示范平台
云南省人民政府	2018/01/19	云政办函〔2018〕1号	《云南省中小微企业贷款风险补偿资金管理办法》	鼓励和引导金融机构向有融资需求的中小微企业发放贷款，促进全省经济社会持续健康发展，设立云南省中小微企业贷款风险补偿资金
云南省人民政府	2018/08/30	云政办发〔2018〕70号	《云南省人民政府办公厅关于印发云南省进一步引导和规范境外投资方向实施方案的通知》	着力扩大农业对外投资合作，开展农林牧副渔等领域互利共赢的投资合作；有序推进商贸、文化、物流等服务领域境外投资，支持符合条件的金融机构在境外设立分支机构和服务网络，依法依规开展业务；重点推进有利于"一带一路"建设和周边互联互通的基础设施境外投资

部门	发文时间	文号	标题	主要内容
云南省人民政府	2018/08/30	云政发〔2018〕45号	《云南省人民政府关于强化实施创新驱动发展战略进一步推进大众创业万众创新深入发展的实施意见》	着力构建以省信用再担保有限责任公司为龙头、各级政府出资为主的政策性融资担保机构为支撑的政策性融资担保体系
云南省人民政府	2018/11/15	云政办发〔2018〕100号	《云南省人民政府办公厅关于支持市场主体财政资金网上公开办理的实施意见》	规范公开方式，建立统一公开平台，按照信息发布、网上申报、网上审核、专家评审、网上公示、结果公开要求，实现网上办理全过程公开。按照"成熟一批、开展一批"的方式，在规定时限内逐步实现支持市场主体财政资金网上办理全覆盖
云南省人民政府	2019/09/03	云政办函〔2019〕124号	《云南省人民政府办公厅关于印发云南省加强金融服务民营企业任务交办清单的通知》	落实差别化货币信贷政策；加大直接融资支持力度；提高金融机构服务能力；推进信息服务平台建设；加快构建政府性融资担保体系；落实财税优惠政策
云南省人民政府	2019/10/21	云政办发〔2019〕86号	《云南省人民政府办公厅关于财政支持和促进科技成果转化的实施意见》	鼓励和引导社会资本设立科技成果转化基金，省财政按有关规定给予适当补助，引导天使投资、创业投资、风险投资、产业基金投向科技成果转化。投资发生时，按照投资额给予10%以内的补助，投资发生损失时，按照损失额给予10%以内的补偿。同一投资项目（主体），综合补助额度不超过500万元

5. 税收政策方面

税收具有调节经济、筹集财政资金和反映监督的职能作用。云南省气候舒适，环境优美，物产丰富，对于打造绿色能源、绿色食品、健康生活目的地"三张牌"具有得天独厚的优势。因此，在税收政策方面，对于能源企业、食品和养老院等相关企业的针对性强，如《云南省人民政府办公厅关于全面放开养老服务市场提升养老服务质量的实施意见》对养老企业规定"放宽外资准入。在鼓励境外投资者在我省举办营利性养老机构的基础上，进一步放开市场，鼓励境外投资者在我省设立非营利性养老机构，在国家政策允许范围内，享有与省内非营利性养老机构同等的土地政策、税收优惠、财政支持等待遇"。此外，《云南省人民政府关于印发云南省降低实体经济企业成本实施细则的通知》规定"全面贯彻落实国家'营改增'和简化增值税税率结构政策，确保所有行业税负只减不增"，对于贯彻落实可持续发展战略，云南省在税收政策方面给予相当大的扶持力度，各行各业的中小企业都受益（见表 3.11）。

表 3.11　云南省中小企业扶持性税收政策

部门	发文时间	文号	标题	主要内容
云南省财政厅	2017/06/06	财税〔2017〕43 号	《关于扩大小型微利企业所得税优惠政策范围的通知》	自 2017 年 1 月 1 日至 2019 年 12 月 31 日，将小型微利企业的年应纳税所得额上限由 30 万元提高至 50 万元，对年应纳税所得额低于 50 万元（含 50 万元）的小型微利企业，其所得减按 50% 计入应纳税所得额，按 20% 的税率缴纳企业所得税

部门	发文时间	文号	标题	主要内容
云南省财政厅	2017/06/16	财税〔2017〕46号	《关于继续实施扶持自主就业退役士兵创业就业有关税收政策的通知》	对自主就业退役士兵从事个体经营的，在3年内按每户每年8000元为限额依次扣减其当年实际应缴纳的增值税、城市维护建设税、教育费附加、地方教育附加和个人所得税。限额标准最高可上浮20%，各省、自治区、直辖市人民政府可根据本地区实际情况在此幅度内确定具体限额标准，并报财政部和税务总局备案
云南省政府	2017/08/16	云政发〔2017〕50号	《云南省人民政府关于印发云南省降低实体经济企业成本实施细则的通知》	全面贯彻落实国家"营改增"和简化增值税税率结构政策，确保所有行业税负只减不增。对纳税人提供的直接或间接国际货物运输代理服务、金融同业往来利息收入，纳税人提供技术转让、技术开发和与之相关的技术咨询、技术服务等项目免征增值税
云南省政府	2018/08/23	云政办规〔2018〕5号	《云南省人民政府办公厅关于全面放开养老服务市场提升养老服务质量的实施意见》	放宽外资准入。在鼓励境外投资者在云南省举办营利性养老机构的基础上，进一步放开市场，鼓励境外投资者在云南省设立非营利性养老机构，在国家政策允许范围内，享有与省内非营利性养老机构同等的土地政策、税收优惠、财政支持等待遇。对境外投资者以自建产权用房或租赁用房举办且租期5年以上的养老机构，符合条件的可享受养老机构一次性建设补贴、运营补贴和其他政策扶持

续表

部门	发文时间	文号	标题	主要内容
云南省财政厅	2019/02/04	财税〔2019〕20号	《关于明确养老机构免征增值税等政策的通知》	自2019年2月1日至2020年12月31日，对企业集团内单位（含企业集团）之间的资金无偿借贷行为，免征增值税
云南省税务局	2019/04/30	财税〔2019〕13号	《财政部 税务总局关于实施小微企业普惠性税收减免政策的通知》	对小型微利企业年应纳税所得额不超过100万元的部分，减按25%计入应纳税所得额，按20%的税率缴纳企业所得税；对年应纳税所得额超过100万元但不超过300万元的部分，减按50%计入应纳税所得额，按20%的税率缴纳企业所得税

6. 商事政策方面

云南省高度重视企业的营商环境，深入贯彻落实国家政策，在云南省政策中推进落实"放管服"改革（见表3.12）。进一步开放市场，把市场交给市场机制，为企业的战略决策解决后顾之忧。《云南省人民政府关于进一步推进"放管服"改革10条措施的意见》中明确规定，加快政府职能转变，最大限度放权市场。全面加快审批速度，大幅提升审批效率。深化商事制度改革，实现企业"一照走天下"。加强规划统筹，精简投资报建评价评估。提高政府工作人员的工作能力和工作态度，制定符合市场的规章制度，严格按照规章制度办事。优化办事流程，减少中间环节，提高政府办事效率，为中小企业做好政府服务工作。同时，《云南省人民政府办公厅关于认真做好优化营商环境改革举措复制推广借鉴工作的通知》提到"认真学习借鉴京沪两地优化营商环境的各项改革举措，紧密联系实际，主动对标先进，加快转变政府职能，着力推动制度创新，不断激发市场主体活力"。学习京沪在优化营商环境中的各项改革举措，学以致用，加快释放中小企业的市场潜力，不断激发市场主体活力。

表 3.12 云南省中小企业扶持性商事政策

部门	发文时间	文号	标题	主要内容
云南省人民政府	2017/07/11	云政办发〔2017〕73 号	《云南省人民政府办公厅关于推动实体零售创新转型的实施意见》	支持商务、供销、邮政、新闻出版等领域龙头企业向农村延伸服务网络，统筹城乡商业基础设施建设，实现以城带乡、城乡协同发展。开展电子商务进农村综合示范，推动电商企业开拓农村市场，支持电商企业利用资金和技术优势，构建农产品进城、工业品下乡的双向流通体系
云南省人民政府	2017/08/04	云政办发〔2017〕85 号	《云南省人民政府办公厅关于促进建筑业持续健康发展的实施意见》	完善有关配套制度，加强事中事后监管，研究制定放宽建筑企业承揽业务范围的具体办法；强化个人执业资格管理，明确注册执业人员的权利、义务和责任，加大执业责任追究力度；精简优化建筑领域行政审批流程，大力推行"互联网+政务服务"，实行"一站式"网上申报审批，提高审批效率
云南省人民政府	2017/08/15	云政发〔2017〕48 号	《云南省人民政府关于进一步推进"放管服"改革10条措施的意见》	加快政府职能转变，最大限度放权市场；全面加快审批速度，大幅提升审批效率；深化商事制度改革，实现企业"一照走天下"；加强规划统筹，精简投资报建评价评估
云南省人民政府	2017/09/21	云政办发〔2017〕99 号	《云南省人民政府办公厅关于印发云南省"多证合一"改革实施方案的通知》	统一全省"多证合一"改革的基础整合事项、技术标准、文书规范和工作流程；鼓励基层探索创新，结合实际增加整合事项，扩大"多证合一"改革覆盖范围

续表

部门	发文时间	文号	标题	主要内容
云南省人民政府	2018/04/11	云政办发〔2018〕20号	《云南省人民政府关于推进"证照分离"改革试点工作的实施意见》	直接取消审批。对市场竞争机制能够有效调节，行政相对人能够自主决定，行业组织或中介机构能够有效实现行业自律管理的事项，取消行政审批，允许企业直接开展有关经营活动
云南省人民政府	2018/05/30	云政办发〔2018〕34号	《云南省人民政府办公厅关于印发云南省深化"放管服"改革"六个一"行动实施方案的通知》	群众和企业确需到现场办理的行政审批和政府公共服务等涉民涉企事项，在申请材料齐全、符合法定要求时，最多跑一次，简单性事项和个人事项实行"马上办"。到2020年，"最多跑一次"事项比例达到各级政府政务服务事项的90%以上
云南省人民政府	2018/06/13	云政发〔2018〕28号	《云南省人民政府关于调整一批行政许可事项的决定》	对取消的行政许可事项，审批部门一律不得再实施或变相审批；对下放的行政许可事项，下放部门要与承接部门做好交接工作，确保下放事项落实到位；对调整为备案的事项，实施部门不得再以行政许可方式实施，要加强业务信息系统建设，推进"互联网+政务服务"工作，简化备案手续，方便群众、企业网上备案
云南省人民政府	2018/09/30	云政发〔2018〕86号	《云南省人民政府办公厅关于印发进一步深化"互联网+政务服务"推进政务服务"一网、一门、一次"改革工作方案的通知》	建成了全省网上政务服务平台，不断完善各级综合性实体政务大厅功能，集中办理政务服务事项，初步实现了"一窗口受理、一站式审批、一条龙服务"

部门	发文时间	文号	标题	主要内容
云南省人民政府	2018/11/13	云政发〔2018〕62号	《云南省人民政府关于印发云南省全面推开"证照分离"改革实施方案的通知》	通过"证照分离"改革，有效区分"证"、"照"功能，让更多市场主体持照即可经营，着力解决"准入不准营"问题。统筹推进"证照分离"和"多证合一"改革。对于"证照分离"改革后属于信息采集、记载公示、管理备查类的事项，原则上要通过"多证合一"改革尽可能整合到营业执照上，真正实现市场主体"一照一码走天下"
云南省人民政府	2019/02/19	云政发〔2019〕10号	《云南省人民政府关于调整一批行政许可事项的决定》	对取消的行政许可事项，审批部门一律不得再实施或进行变相审批；对下放的行政许可事项，下放部门要与承接部门做好交接工作，确保下放事项落实到位；对调整行使层级和审批权限的事项，各级行业主管部门要做好衔接工作，优化办事流程，减少中间环节，提高办事效率，优化审批服务
云南省人民政府	2019/10/21	云政办函〔2019〕130号	《云南省人民政府办公厅关于认真做好优化营商环境改革举措复制推广借鉴工作的通知》	各地各部门要深刻认识做好复制推广借鉴工作的重大意义，认真学习借鉴京沪两地优化营商环境的各项改革举措，紧密联系实际，主动对标先进，加快转变政府职能，着力推动制度创新，不断激发市场主体活力

（二）云南省中小企业扶持性政策执行现状分析

云南省积极响应国家"大众创新，万众创业"的号召，深入贯彻落实各项中小企业财政扶持性政策，根据云南省自身经济发展较为落后、非公有制经济占比较小的区域特点，从财政、环境、采购、投融资、税收、商事六个方面出发出台系列扶持云南省中小企业政策。由于云南省的系列扶持性政策的逐步落实与实施，云南省中小企业得到发展，受益颇多。具体体现在以下几个方面：

1. 云南省财政补贴力度不断增大

2018 年 1 月，《云南省中小微企业贷款风险补偿资金管理办法（试行）的通知》中提到要致力于帮助云南省中小企业获得重点金融机构的贷款额度。同年 9 月，在《关于金融机构小微企业贷款利息收入免征增值税政策的通知》文件中提到，2020 年末之前，免征金融企业从中小企业中所获取的小额贷款收入的利息税费。这一举措使得金融企业免去了后顾之忧，更加调动了当地的金融机构给予中小企业贷款帮助的积极性。2019 年 8 月，《云南省财政厅关于财政支持民营经济高质量发展的实施意见》中显示，财政支持市场的财政资金向民营企业倾斜。而云南省民营企业中，中小企业占据较大的比重，财政资金涌入民营企业意味着中小企业能够获得更多的财政资金的援助，能够有效缓解中小企业资金链断开、经营活动中止的窘境。同年 10 月，《云南省人民政府办公厅关于财政支持和促进科技成果转化的实施意见》中明确表明，云南省将对新兴中小企业的采购行为给予成交额 10% 的补助。云南省财政补贴力度不断增大，这些财政扶持政策的出台大大缓解了云南省中小企业资金短缺的情况。

2. 云南省税收优惠不断增加

2017 年 1 月，云南省政府扩大了小型企业税收优惠范围，提高了企业年应纳所得税额的上限。同年 8 月，云南省全面贯彻落实国家的"营改增"政策，保证了中小企业所承担的税负只减不增，中小企业从事技术服务相关项目的免征增值税。2019 年 4 月，云南省政府对小型微利企业年应纳税所得额不超过 100 万元的部分，减按 25% 计入应纳税所得额，按 20% 的税率缴纳企业所得税；对年应纳税所得额超过 100 万元但不超过 300 万元的部分，减按 50% 计入应纳税所得额，按 20% 的税率缴纳企业所得税。云南省不断地对中小企业的税收政策进行调整，税收优惠力度不断增加，直接从这些税收优惠政策中受益的云南省当地中小企业越来越多，直接减轻了他们的税收负担。

3. 云南省金融服务水平有所提升

在国家对中小企业扶持性政策中，国家银监会批准民生银行、浦发银行、兴业银行发放大量债券，用以扶持中小企业进行贷款（施珊娜，2019）。云南省积极响应中央政策，在2019年9月发布了《云南省人民政府办公厅关于印发云南省加强金融服务民营企业任务交办清单的通知》，着力于提高云南省金融机构的服务能力。在云南省财政、税收政策能力有限背景下，鼓励支持金融机构带动中小企业发展，实现了中小企业经济的稳步成长。

为了从整体角度上把握中小企业对政策执行效率的评价情况，本节参考朱庄瑞和吕萍（2015）文献的研究，采用七级李克特量表形式（1＝完全不同意，7＝完全同意），分别设计了行政绩效6个题项（具体用Q1~Q6表示）、社会绩效4个题项（具体用Q7~Q10表示）、经济绩效5个题项（具体用Q11~Q15表示）对政策执行绩效进行测度。其中，政策执行的行政绩效主要包括预定目标的实现、执行的连续性、相关配套政策的完善性、内外部监督机制的完善性，社会绩效主要包括社会整体效果、就业的带动情况、社会稳定的促进情况，政策执行的经济绩效主要包括减税情况、融资困境的解决情况、壁垒的降低情况、技术创新的促进性。问卷发放以实地发放为主，部分采用邮件方式和电话调查方式进行，共持续6个月。总计发放问卷400份，收回问卷245份，回收率61%。其中有效问卷162份，有效率为66.12%。问卷无效的原因主要是被试者的问卷填满率低于95%。

描述性统计结果如表3.13所示。从表3.13中可以看出，整体而言，云南省中小企业扶持性政策的执行绩效基本处于3.75~4.90，成效居中。其中，从各维度上看，社会绩效表现突出，各题项的平均值处于4.50~4.90，行政绩效的表现明显低于社会绩效和经济绩效政策；从单个题项上看，社会外部监督机制的完善性分值最低（3.75），政策执行对社会稳定的促进作用分值最高（4.90）。上述数据表明，云南省中小企业扶持性政策执行虽取得了一定成效，但是在行政绩效、经济绩效等方面仍有较大的改进空间。

表 3.13　政策执行绩效调查结果

维度	具体题项	均值
政策执行 行政绩效	Q1. 中小企业扶持性政策的预定目标基本实现	3.98
	Q2. 中小企业扶持性政策执行的连续性较强	4.01
	Q3. 中小企业扶持性政策的相关配套政策较完善	3.85
	Q4. 中小企业扶持性政策执行中政府内部监督机制较完善	3.87
	Q5. 中小企业扶持性政策执行中社会外部监督机制较完善	3.75
	Q6. 中小企业对扶持性政策的满意度较高	3.97
政策执行 社会绩效	Q7. 中小企业扶持性政策的执行带来较好的社会整体效果	4.50
	Q8. 中小企业扶持性政策的执行有效带动了就业	4.85
	Q9. 中小企业扶持性政策的执行在很大程度上促进了社会稳定	4.90
	Q10. 中小企业扶持性政策的执行极大地促进了国民经济发展	4.67
政策执行 经济绩效	Q11. 中小企业扶持性政策的执行减轻了中小企业的税收负担	4.55
	Q12. 中小企业扶持性政策的执行有效解决了中小企业的融资困境	4.18
	Q13. 中小企业扶持性政策的执行显著提高了中小企业的市场地位	4.27
	Q14. 中小企业扶持性政策的执行减轻了中小企业的行业进入壁垒	4.23
	Q15. 中小企业扶持性政策的执行极大地促进了中小企业技术创新	4.51

（三）云南省中小企业扶持性政策执行问题分析

近年来，云南省响应国家号召，积极发布了一系列针对中小企业的扶持性政策，从财政政策、环境政策、采购政策、投融资政策、税收政策、商事政策六个政策方面给予中小企业优惠。在众多政策的保障支持下，中小企业在发展上确实取得了很多傲人的成果，扶持中小企业的相关服务也得到了较大的改善。但是，在扶持性政策执行过程中，依旧存在着不足的地方。

1. 扶持性政策缺乏系统性和完善性

云南省政策申报复杂且耗时长，扶持性政策申报流程普遍有项目申报、材料审核、现场考察、项目验收、公示、发放六个步骤。中小企业符合扶持性政策要求就可以进行申报。但是，中小企业必须严格遵守这六个步骤，且每个步骤同时具有独立性和连贯性，每个企业每次只能处于其中一个环节的办理。环节间具有连贯性，上一环节会直接影响下一环节，每个步骤的办理都需要耗费 7 个工作日。即使申报较为顺利，也至少需要一个半月的时间，耗时较长。

云南省扶持性政策缺乏系统性。在调查研究中不难发现，相当一部分中小企业的扶持性政策具有相对独立性。扶持性政策之间不具有较为明确的联系，相互之间关联性不强，没有形成系统的扶持性政策。由于政策之间的不连贯性、不相关性在一定程度上削弱了扶持性政策的总效用，限制了中小企业更好的发展。

2. 扶持性政策门槛相对较高

尽管云南省扶持性政策的对象是中小企业，但是从政策颁布的实际内容上看，申报对象更倾向于中大型企业或者是年收入达到一定数额的企业。小型企业的资金受到较大的限制，许多小型企业还处于萌芽发展阶段，较难达到申报的门槛。门槛相对较高完全不利于中小企业的发展。

3. 云南省中小企业自身对扶持性政策认识不到位

云南省中小企业作为扶持性政策的主体，在政策执行过程中具有重要意义。政府在持续性出台中小企业扶持性政策，不断地进行宣传和完善政策。然而，部分中小企业没有密切关注相关扶持性政策的意识，对政策认识不到位甚至完全不了解，导致了部分中小企业明明符合申报的条件，却因为认识意识问题，不敢去申报，没有去申报。部分云南省中小企业申报意识弱、认识不到位，直接导致云南省中小企业扶持性政策执行时效果不能达到预期值。

三、本章小结

本章侧重从全国及云南省两个视角围绕财政、环境、采购、投融资、税收及商事政策六个方面对中小企业扶持性政策进行梳理，并在此基础上分析我国及云南省中小企业扶持性政策执行现状。

一个国家的良好运行需要各方面的共同努力，国家良好的运行不仅需要政府大政方针的正确引导，同时还需要每一位政府工作人员的配合。每一项政策法规的制定初衷都是给组织或个人制定一个标准，让各个有关组织和个人更好地发展，从而使整个社会的资源最大化。作为国家层面的政策，针对的是全国范围的中小企业，政策具有普遍性。但是每个省份都有各自独特的地理条件和人文环境。总体来说，我国中小企业扶持性政策执行问题主要表现为：一是中小企业存在发展不足，结构不合理、层次不高；二是财政政策对中小企业的支持力度不够，针对性不强；三是顶层设计的法律法规由上而下执行过程中的不完善。

在中小企业扶持性政策方面，云南省相较于国家而言，在市场环境、人文地理和企业类型方面都是在国家政策的范式内进行具体化。国家政策负责制定一个规范，省内政策负责将规范结合本省的特殊情况来进行具体细化。在这个过程中可能会出现很多的问题。根据总结，云南省的各项扶持性政策在执行过程中所存的问题有：一是国家出台政策在全国范围内并不完全适应所有地区的情况，各个地方政府需要结合自身条件在国家政策方面细化。在这个过程中，各相关单位没有很好地将政策进行具体的分析研究并结合各个单位的具体情况进行细化和操作。二是监督制度完备度以及政策执行主体态度是政策执行的关键要素，对政策执行效率的影响较为直接。在政策公示方面，并未达到预期效果。此外，问责制度完备度和资金完备度是决定政策执行效率的基础因素，导致大部分企业对此并不在意。三是中小企业在扶持性政策执行中的作用不可忽略。在扶持性政策执行过程中，企业文化开放程度是较为重要的影响要素，对政策执行效率有着直接的影响作用，政府在政策方面需着重关注企业文化。

第四章　中小企业扶持性政策执行网络构建

一、中小企业扶持性政策执行网络相关理论基础

(一) 政策执行理论发展历程

自 1973 年普雷斯曼和韦达夫斯基共同出版的《执行》一书面世以来，西方便掀起了一场声势浩大的关于政策执行问题的研究热潮。学者们对政策执行问题的研究先后经历了三个阶段，分别是自上而下阶段、自下而上阶段、整合阶段。

1. 自上而下阶段

这一阶段关注的焦点是政策的制定者，即过重强调政策的制定者在政策执行过程中的主导作用以及优越地位，忽视了其他主体的主观能动作用（宗晓丽，2017）。此阶段，政策执行与政策制定两者相互分离、相互独立，政策执行者需严格遵守政策制定者旨意，实现政策制定者意图。

正因为如此，此阶段的研究成果表现出如前所述的局限性：第一，过度重视上层高级官员的政策决定，忽视了私人部门、基层官员以及地方执行机

构对政策执行的影响。第二，政策执行过程是参与者众多、实现利益多元化的极其复杂的过程，政策执行者可能具有反抗意识，违背政策制定者制定的政策，导致政策执行很难达到预期效果。第三，不能权变地看待政策执行结构的动态性，并未充分地考虑外界动态变化及客观环境条件的影响，对相关执行政策不能因时因地做出调整，难以做到具体问题具体分析。

2. 自下而上阶段

这一阶段以组织中的个体为出发点，关注组织中的基层人员，即强调基层政府及地方执行机关在政策执行过程中的自由裁量权和自治权（宋雄伟，2014）。执行部门既可以对政策制定中的决策内容做出解释，也可以指出政策执行过程中亟须解决的问题。此阶段，基层人员有了自主发挥的空间，可以采取适当措施解决政策执行中的问题，充分发挥了基层人员的能动性，基层执行人员的策略和技巧，被认为是政策执行成功的关键。

自下而上阶段摆脱了自上而下阶段过分重视政策制定者的缺点，但这一阶段同样也存在一些缺陷：第一，只重视基层的影响力，忽视了上下级组织与人员在政策执行过程中的相互性与关联性；第二，基层人员的行为对于政策执行目标的实现未必真实和正面（陈卉，2007）；第三，对于层级结构相对多的国家和地区，政策信息经过层层过滤后可能会失真。

3. 整合阶段

随着所谓的组织社会的出现，许多公共政策均在公共组织与社会其他组织的共同影响下形成并执行。自上而下和自下而上阶段均过于强调个人或单个组织对政策执行的影响，忽视了社会中其他利益相关者在政策执行过程中的参与性和能动性。确切地说，自上而下阶段把政策执行看作单向性过程，过多地强调政策制定者的主导作用，而自下而上阶段则过于强调基层人员的影响力，忽视了上下级组织与人员在政策执行过程中的相互作用。

显然，前两阶段已不能满足公共政策执行过程中出现的一系列动态变化，于是，学者们尝试将两阶段结合起来，呈现出整合阶段。这一阶段克服了前两阶段固有的缺陷，主张在复杂多变的政策执行领域中将两者进行整合，强调各主体间的协调与合作。这一阶段比较有代表性的理论有府际关系、治理理论、理性选择、政策网络理论等，政策网络由此兴起。

对于政策网络的概念界定，有代表性的便是本森（Benson）。他认为"政策网络是由于资源相互依赖而联系在一起的一群组织或者若干群组织的联合体"（宗晓丽，2017）。经过几十年的发展，政策网络的应用已相当广泛，涵盖了组织学、社会学、国际关系学以及政治科学等多个领域，成为政策分析的主流话语和研究范式。作为一种新兴的政策科学研究途径与分析框架，政策网络已经成为公共政策内容分析的重要维度。

（二）中小企业扶持性政策执行网络的内涵

政策网络理论，为政策执行过程中出现的一系列动态变化提供了新的研究视角，继而形成了政策执行网络理论相关的研究成果。

学界对政策执行网络概念的探索并不多见。余敏江和梁莹（2006）认为，政策执行网络是政策执行的主体或客体的公共部门、公民、第三部门、私人部门组织在政策执行过程中，基于沟通和信任共同参与政策执行并由此形成的参与者的网络。据此，本书提出，所谓中小企业扶持性政策执行网络就是中小企业扶持性政策在执行过程中各相关要素基于互联结成的关系网络，其内涵要素包括政府、金融机构和中小企业。这些主体间的良性互动对于提高中小企业政策执行力、帮助中小企业摆脱发展困境、实现持续稳定发展有着举足轻重的意义和价值。

具体而言，其理论价值体现在：①拓宽研究路径。政策执行网络作为一种新的研究范式为公共政策学的发展拓宽了研究路径。本书在总结学界有关政策执行理论研究成果的基础上，梳理了政策执行理论的发展脉络，对政策执行网络的概念做出界定，为学者们研究中国的公共政策提供了新的理论框架和分析工具。②扩大研究视野。政策执行网络打破了以国家为中心的、科层制的传统分析方式（谭英俊，2008），将政策执行研究的视野扩展到了政府、社会组织、政策执行对象的跨组织的社会关系网络，能够展现政策执行的关联性、动态性，并能更加详尽地描述和分析政策执行过程。

其现实意义体现在：①提高执行效率。政策执行是个涉及执行主体、被执行对象、环境等多方面要素的过程，采用政策执行网络能够体现政策执行的系统性与互动性，揭示各要素间的复杂关系，避免视角的狭隘化。本书基于政策执行网络视角的研究工作，期望能够助力提升扶持性政策的执行效率，有效改善中小企业的经营环境，在一定程度上缓解中小企业发展的制约因素，使其能够充分利用社会资源，实现持续性健康成长。②提供有益借鉴。运用政策执行网络对中小企业扶持性政策执行效率进行研究，一方面有助于丰富中小企业对自身发展的认知，积极融入扶持性政策执行中；另一方面也有助于调动各相关主体参与政策执行的积极性，稳定、高效地推进政策执行（周世亮和曹映来，2007），为中小企业扶持性政策工作的开展提供有益借鉴。

二、中小企业扶持性政策执行网络主体及作用因素

传统阶段的政策执行研究工作过多地强调政府的作用，即过多强调由政策执行主体作用于被执行对象的单向过程。与之不同的是，政策执行网络是个涉及多方主体利益的关系网络，并且各大因素之间存在着千丝万缕的相关性和互动性，故而有必要把政府、社会团体、民间组织以及信任、社会资本、非正式关系等均纳入政策执行分析框架。基于这种考虑，将重点介绍中小企业扶持性政策执行网络所涉主体及其作用因素。

（一）政府及其作用因素

作为国民经济的重要组成部分，中小企业在促进经济增长、推动科技创

新、缓解就业压力及维护社会稳定等方面发挥着举足轻重的作用。然而，受资金、技术、规模等条件约束，中小企业在市场上一直处于不利地位。作为有形之手，政府应大力扶持中小企业发展，以便更好地促进国民经济发展，维护社会稳定。

中小企业扶持性政策问题，一直是社会和学术界关注的重要课题。在美国、日本、英国、德国等一些发达国家中，政府均为中小企业发展提供各种各样的扶持性政策，以从宏观视角上帮扶中小企业克服其发展难题。德国政府扶持中小企业发展的有效举措包括制定政策法规和成立管理机构、提供持续有利的融资担保、制定技术扶持政策和加强技术人才培训、建立信息情报中心、为中小企业提供信息和服务、充分发挥各类商会协会作用，为中小企业提供全面的社会化服务（杨国川，2008）。美国政府扶持中小企业的做法包括设立专门的中小企业管理机构、制定支持中小企业发展的中长期规划、协调有关中小企业的政策、健全法律体系、不断完善中小企业法规、制定财税金融和外贸等相关政策、改善中小企业的经营环境、提高中小企业产品竞争力、鼓励中小企业进行技术创新、提供各种信息服务等（杨玲雅，2002）。

制定中小企业扶持性政策、促进中小企业发展是世界各国政府的共识，我国也不例外。然而，反观我国中小企业扶持性政策管理现状，已有的扶持性政策相对较为零散，缺乏宣传性，进而导致许多扶持性政策无法落实或落实不佳，中小企业无法充分享受扶持性政策的利好。

公共行政学者 Graham（2015）曾指出，在实现政府目标的过程中，方案确定的功能只占10%，而其余90%取决于有效的执行。执行活动作为执行主体将观念层面决策付诸实践的过程，是政府公共管理活动的核心环节，是实现行政目标最重要、最直接的行政行为。政府的政策执行力在维护和提升政府公信力和权威性方面发挥着重要的作用，是政府机构不可或缺的决定性力量。具体到中小企业扶持性政策执行方面，执行主体及其对执行效率的作用因素如下：

1. 执行主体

传统的政策执行主体往往局限于各级政府机构及其工作人员，易造成政策执行主体结构单一（薛立强和杨书文，2016），缺乏监督，也难以调动所有参与者的积极性。政策制定者和执行者的分离导致双方存在利益的分歧，很难将扶持性政策落实到个体层面。因此，执行主体是否多元化、执行态度是否坚决、执行能力强弱三因素对中小企业扶持性政策执行结果具有直接影响（侯麟科等，2016）。

2. 执行制度

执行制度是否完善影响政策的执行效果（包群等，2013）。科学、合理地执行制度可以有效整合执行资源，保障执行成效，还可辅助形成固定的政策执行机制和执行流程。中小企业扶持性政策所涉及利益结构复杂，需加大内外部监督与控制。此外，问责制度是各级政府有效履行政府职能和执行公共服务政策的重要保障（曾保根，2013）。故而，执行制度、监督制度和问责制度是否完善是政策执行效率的重要影响因素。

3. 执行资源

拥有充足的高素质人力资源、物质资源、资金和信息是公共政策有效执行的重要前提和保障。政策执行主体的知识储备量、技能和业务能力，在一定程度上影响其能否准确理解并贯彻执行各项公共政策。具体而言，若物质资源不足，必然导致公共政策执行不力、执行效率低下，难以实现政策目标；若没有必需的财政资金作支撑，中小企业扶持性政策的执行必将无从开展；若信息失真，容易导致执行主体对政策执行现状产生错误的判断，难以及时发现偏离政策目标的行为，使公共政策很难得到应有的调整，最终难以达到政策的预期效果（毛劲歌和周莹，2011）。总之，人力资源、物质资源、资金和信息资源的完备度对政策执行效率发挥着重要的影响作用。

4. 执行环境

地方辅助政策是否完善，决定着中小企业能否有公平的竞争地位和良好的市场秩序（刘少华和张赛萍，2012），如融资政策、土地政策、税收政策、行业准入政策等。地方经济的发展程度决定了当地政府是否有实力为中小企业发展提供各项基础设施、财税支持政策和公共服务。与此同时，地方金融的发展状况对地方经济的持续发展至关重要，而中小企业是我国地方经济的主体；只有健全相关法制，改进依法办事的流程和制度才能从根本上促进法治社会的建设，使公共政策执行走上科学化、法制化的轨道。此外，媒体对政策的宣传力度在很大程度上影响着公共政策及其执行信息的透明化、传播的及时性和反馈的有效性（邝艳华等，2015）。故而，辅助政策是否完善、地方经济发展程度、地方法治是否完善以及媒体宣传力度是政策执行效率的重要影响因素。

（二）金融机构及其作用因素

自 2008 年国际金融危机至今，中小企业的发展受国内外各种因素的影响暴露出许多问题。其中，融资问题是制约中小企业发展的瓶颈问题。受规模小、可供抵押资产不足、贷款门槛偏高等因素限制，中小企业从正规金融机构筹资难度较大，制约了其自身的发展。因此，解决好中小企业融资问题意义重大。

1. 企业发展周期中的资金需求特征

一般来讲，中小企业的发展周期分为创立期、生存期、成长期、成熟期、衰退期五个阶段，每个发展阶段的特点决定了其资本需求特征。

（1）创立期是企业创立的形成阶段、技术的酝酿与发明阶段。这一阶段，中小企业面临的主要问题是资金的筹措，发明人需要资金投入，以进行下一步的研发、成熟产品的生产和形成产业化的生产方案。此时，企业需要资金主要是为了创意的商品化。这一阶段资金的来源主要是发明人的个人积蓄、家庭财产、申请自然科学基金，如果还不够，创业者会寻找专门的风险投资家和风险投资机构。

（2）生存期是产品的转化阶段，指将研究阶段的实验性技术、产品转化为适用产品和适用系统。项目对资金的需求加大，且这一阶段企业不能从产品中获得其发展所需资金，所以想要发展必须从外部获得大规模资金。

（3）到了成长期，企业已经完成了生产线的开发，开始了产品小批量生产，且在市场上初步站稳脚跟。此时需要大量地追加资金投入以增加设备、扩大业务。同时，初始投资者的资金已基本耗尽，需要从银行或其他外部正规金融机构获得流动资金贷款。但这一阶段，由于日益显现的广阔市场前景，其资金融通的困难程度会降低，资金来源相对宽松。

（4）到了成熟期的中小企业，技术、市场各方面已初具规模，开始了大规模生产和大规模销售，资产数量上的扩张和质量上的改变都需要大量资金的注入，企业可以通过闲置资产或技术的变现来取得部分资金，另外，收入和现金流量迅速增加，以现金流为基础的公司价值逐步上升，比起前几个阶段，这一阶段企业具备更高的信誉度，可供抵押的资产也逐步增多，从金融机构筹集资金相对容易了很多。

（5）经过成熟期，一部分企业通过转型或二次创业成为大中型企业，另外一部分企业则逐步趋于衰退。处于衰退期的中小企业可能面临来自企业内部或外部的双重困境，也会暴露出很多问题，如资金严重缺乏、缺乏创新精神、设备陈旧、产品落后、适应能力弱等，需要大量资金来渡过难关。但这一阶段，企业可供抵押的资产不足，信用状况不佳，很难从金融机构筹集到资金。

2. 各企业类型的资金需求特征

不同类型的企业对资金的要求也不同。从融资的角度看，中小企业可以分为制造业型、服务业型、高科技型以及社区型等类型。各类中小企业的融资特点和对资金的需求如下：

（1）制造业型中小企业。这类企业经营环境的复杂性决定了其资金需求的多样性，无论是购买大型设备、原材料、半成品，还是支付工人的工资甚至产品营销的各种费用，都需要金融机构的服务。但由于制造业中小企业资金需求量较大，资金周转慢，从金融机构筹集到资金的难度也要大一些。

（2）服务业型中小企业。这类企业的资金需求主要是存货的流动资金贷款和促销活动的经营性开支借款，一般来说，量小、频率高、贷款周期短、贷款随机性大是它的特点。相对于其他类型的中小企业，服务业型的中小企业比较容易获得金融机构的贷款。

（3）高科技型中小企业。这类企业除可从金融机构筹集资金外，还可以得到风险投资基金。这类基金既有政府设立的，又有私人设立的，也有政府和私人共同设立的。

（4）社区型中小企业。这类企业是一类比较特殊的中小企业，它们具有一定的社会公益性，比较容易获得政府的扶持性资金，社区共同集资也是这类企业资金的重要来源，因此基本不需要从金融机构筹集资金。

3. 金融机构及其政策执行效率

金融机构因可直接与中小企业打交道，从而影响着中小企业的发展，它在中小企业扶持性政策执行中发挥着不可替代的作用，主要从正规金融机构和民间融资机构两个层面分析它的作用以及影响政策执行效率的因素。

（1）正规金融机构。由于较小贷款额度会造成银行较高的平均操作成本，中小企业内部依然存在财务状况不透明、信用记录缺失及可用于抵押的固定资产不足问题，是大银行不愿向中小企业放贷的主要原因。近年来，随着政府政策不断倾斜、金融脱媒现象逐渐显化和大银行自身开拓新业务的需要，各大银行逐渐转变了对中小企业放贷的态度（韩亚欣等，2016）。同时，信贷担保机构有降低银企交易成本和信息不对称程度及实现部分风险转嫁等优势（郭娜，2013），对解决中小企业融资问题有重要的推动作用。然而，中小企业的快速发展和旺盛的融资需求虽然在一定程度上推动了信贷担保机构的发展，但总体来看，信贷担保机构在我国出现较晚，信贷担保体系的发展尚处于初级阶段。此外，担保公司对中小企业的担保程序审查严格，多数中小企业依然达不到担保机构的担保条件（Roman & Rusu，2011）。因此，银行融资服务意愿、银行融资门槛高低和信贷担保体系完善程度对政策执行效率有重要影响。

（2）民间融资机构。由于民间融资机构与中小企业天然的联系及民间融资模式带来的相对银行存款利率更可观的收益，而使民间融资模式广受民间闲散资金所有者欢迎。但是，由于资金来源分散、单笔额度小，决定了民间贷款存在着还款期限较短、资金供给连续性不强的特点。相应的监管滞后及较高的利率造成民间融资模式存在较高的风险（龙著华，2014）。此外，我国注重打击非法集资行为，忽视了对合法的民间融资活动的支持和保护（Kurtz & Stevens，2007）。然而，民间融资模式有利于缓解资金供求双方的矛盾，调剂余缺，提高资金的使用效率，对缓解中小企业融资困境意义重大。总之，民间融资服务意愿、民间融资门槛高低和民间融资体系完善程度影响着政策执行效率。

（三）中小企业及其作用要素

中小企业已成为推动我国经济市场化的重要力量，在促进经济增长、优化经济结构、扩大劳动就业、推动技术进步、创造社会财富、维护社会稳定等方面越来越凸显其重要性。中小企业的发展给我国经济增长带来巨大推动力，在现代经济中，我国的中小企业在宏观经济运行中已然成为一个举足轻重的社会群体，成为现代经济成分中最活跃和最富有活力的组成部分。

中小企业作为扶持性政策的受众者，对扶持性政策的反应和有效利用程度影响着政策的落实情况。主要从中小企业和企业家能力两个层面分析它的作用及中小企业与扶持性政策执行效率的关系。

1. 企业

企业文化决定了该企业的行为方式，处事原则。而具有开放性、竞争性企业文化的企业往往有较强的信息获取能力，善于接受并利用新的事物。我国中小企业的融资困境不仅是融资环境不利所导致的，更与部分中小企业信用不佳有很大的关系（万苇和刘力，2010）。中小企业各级员工不仅需要对政策的内涵、意义和自身的责任有清晰的理解和高度认同，还需要在政策执行中本着积极的态度，相互协调配合，保证政策的落实（黄再胜，2011）。

因此，企业文化开放程度、企业信用状况、员工认同度和员工执行意愿直接影响着政策执行效率。

2. 企业家能力

企业家的信息获取能力、机会识别能力和执行能力是企业能否把握住发展机遇、能否有效执行各项计划和策略的关键，对企业未来的生存和发展具有决定性的作用。而信息不对称会导致中小企业对政府的各项扶持性政策信息获取滞后，从而不能及时、有效地利用政府扶持契机，也就无从谈起执行效率提升问题（Ozgen，2003）。因此，信息获取能力、机会识别能力和执行能力是政策执行效率的重要影响因素。

三、中小企业扶持性政策执行网络主体互动机制构建

中小企业扶持性政策涉及广泛的参与主体，无论是政府、金融机构，还是中小企业，基于不同的价值取向和利益诉求，在政策执行过程中采取不同的行动策略，具体的网络关系互动情况如图 4.1 所示。

（一）政府与金融机构的互动机制

1. 政府对金融机构的作用机制

（1）合理配置金融资源。由于中小企业在发展过程中面临着资金短缺、可供抵押的资产不足、融资渠道少等问题，信息不对称导致很多信息无法被金融机构正确获得，削弱了金融机构对其提供信贷的热情。政府应发挥桥梁纽带作用，通过公共政策指引、补贴金融机构等方式起到合理配置金融机构、金融资源的作用，使金融机构的风险与其收益相匹配。除此之外，对于市场

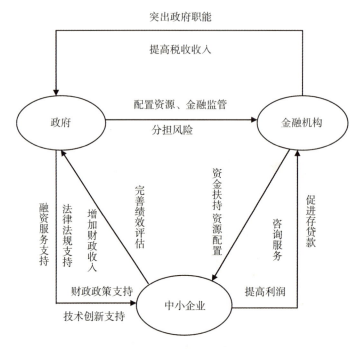

图 4.1　政策执行网络关系互动

不能发挥作用的领域，往往需要政府通过政策性金融工具或者财政调节手段，调整金融机构货币供应量和配置。

（2）进行有效金融监管。随着经济的快速发展和金融改革的不断深化，地方金融业蓬勃发展（宁子昂，2018）。为了促进金融机构稳健经营，有效防范金融危机，政府应承担对金融机构的监管职责，包括引进和规范民间融资机构、防范和打击金融欺诈、非法集资等行为。此外，政府应构建有效的监管理念、完善金融监管体制，强化对金融机构的监管与风险处置责任，确保金融机构安全稳健运行。

（3）分担金融机构风险。由于中小企业和金融机构之间的信息不对称，存在逆向选择与道德风险等问题，导致银行等金融机构的利率呈现倒 "U" 形关系，即随着利率水平的提高，在最高点前金融机构的收益不断增加，过了最高点后，收益呈下降趋势。利率越高越容易引发企业的高风险行为，最终金融机构贷款坏账降低了整体的收益率。这一系列行为需要政府制定风险补贴、风险担保等政策，降低金融机构的风险，提高金融机构整体收益率。

2. 金融机构对政府的作用机制

（1）突出地方政府职能。金融机构的发展水平作用于地方经济，为地方经济的发展提供资金和资本支持，有效推动地方经济增长。同时间接突出了地方政府的职能，不但有利于吸引社会资本参与地方基础设施建设，而且有利于推动地方政府改革，促进科技发展及新兴企业创新发展。

（2）提高财政税收收入。随着金融机构盈利能力的稳步提升，金融业日益成为政府税收和财政收入的重要来源，对促进地方经济建设发挥了重要作用。金融机构发展越强，越有利于政府服务实体经济，同时为其带来丰厚的税收回报，增加政府收入，拉动地方经济发展。

（二）政府与中小企业的互动机制

1. 政府对中小企业的作用机制

（1）融资服务支持。由于中小企业信用水平低、信用观念不强、可供抵押的资产不足等原因，使其面临着融资难的困境。为帮助中小企业走出发展困境，首先，应增加政策性和商业银行对中小企业的贷款额度，加大对中小企业的金融支持力度。其次，应建立健全对中小企业信用担保体系，加强对担保公司的监督和管理（冯欢，2018），改善中小企业信用环境，深化金融改革，使其加大对中小企业的融资力度。最后，应发展中介机构，搭建服务平台。针对融资困难这一问题，建立由政府牵头的全面完善的中小企业信用数据库，使金融机构能准确把握中小企业的信用数据，缓解贷款中信息不对称风险，为其提供有力的资金支持。还可以建立如法律、税收、审计等中介服务，借助专家和团体力量为中小企业服务。

（2）法律法规支持。政府应及时完善支持中小企业发展的法律制度，积极落实国家对应的中小企业扶持性政策。首先，为中小企业创造发展创造公平的竞争环境，加强反垄断法的立法和执法力度，规定对中小企业的特别保护和市场准入；其次，制定对中小企业融资支持的立法，建立中小企业间接融资制度，拓宽其融资渠道。

（3）财政政策支持。中小企业财政支持政策由中小企业税收政策和中小企业政府支出政策（包括财政补贴、政府采购）两方面构成。一方面，政府可以通过降低中小企业的税负来减轻中小企业的负担，还可以在财税政策方面适当向中小企业倾斜，包括取消不合理收费、减少税基等，尽可能降低企业所得税负担。另一方面，政府可以加大对中小企业的财政补贴，定期公布采购清单和数量，优先采购中小企业生产的技术创新产品，提高财政政策支持精准度，促进中小企业的产品在市场上占据优先地位。

（4）技术创新支持。为鼓励中小企业进行技术创新，政府可以通过构建创新服务机构、技术服务中介来完善中小企业服务体系，为中小企业技术创新提供信息、咨询、技术、人才等全方位的服务。除此之外，政府还可以设立中小企业发展基金，引导和带动社会资金支持中小企业，促进创业创新。同时定期开展各种创业培训和讲座，向中小企业传授管理和技术等方面的基础信息，为中小企业进行技术创新提供各种支持。

2. 中小企业对政府的作用机制

（1）完善政府绩效评估。中小企业在国民经济中处于重要地位，是推动经济发展、增强经济活力的重要力量，中小企业解决了大量就业问题，为社会创造了巨额财富。同时，中小企业又是构造市场经济主体、促进社会稳定的基础力量。中小企业的持续健康发展对于完善政府绩效评估、促进政府执政能力建设、提升政府执行力有着极其重要的作用。

（2）增加政府财政收入。中小企业是我国最大的企业群体，数量众多的中小企业遍布一、二、三产业，覆盖国民经济各个领域。近年随着我国"大众创业，万众创新"的推进，新成立的中小企业数量快速增长，日均新设企业由2012年的5000多户增加到2017年的1.66万户。中小企业是建设现代化经济体系、推动经济实现高质量发展的重要基础。中小企业的发展对国民经济的贡献占据重要地位，平均每年创造 60% 以上的 GDP，工业新增产值的 76.7% 来自中小企业。同时，中小企业每年贡献 50% 以上的国家税收，足见其影响力之广。中小企业的又好又快发展有利于推进政府增加财政收入，改善和转变政府职能。

（三）金融机构与中小企业的互动机制

1. 金融机构对中小企业的作用机制

（1）必要的资金扶持。中小企业是推动国民经济发展、构造市场经济主体、促进社会稳定的基础力量，在确保国民经济适度增长、缓解就业压力、优化经济结构等方面均发挥着越来越重要的作用。而中小企业发展过程中面临着资金形成不足、发展资金短缺的困境。金融是现代市场经济的核心，金融支持渗透于企业发展的全过程，来自金融机构的资金支持对改善和提升中小企业的发展水平和竞争力发挥着不可或缺的重要作用。一方面，中小企业发展过程中必须要有大规模且持续有效的资金投入，金融机构应发挥实体经济的功能，高效、公平地服务中小企业，为中小企业发展提供强大的动力支持和必要的资金保障。另一方面，企业在生产过程中还要进行科技创新，不仅要购置大量的科研设备、试验材料等，还要聘请专业的科技人才，意味着需要更多的资金将科技成果转化为生产力。金融机构的资金支持能有效促使中小企业实现跨越式发展。

（2）合理的资源配置。金融机构以信任为核心，以互惠规范为原则，为中小企业提供支持，对中小企业的发展有极其重要的作用。同时金融机构的规模、结构和效率还影响着中小企业的资金流通以及资产选择和分配，使中小企业能够进行合理的资源配置，积极发挥体制优势，向科学化、现代化管理方式转变。

（3）专业的咨询服务。除能为中小企业提供必要的资金扶持，有效解决中小企业资金不足问题，金融机构还能为中小企业提供一系列咨询服务，充分利用自身的专业优势和完善的信息网络，为中小企业提供资金、信贷等方面的服务，使中小企业能够获得更多的金融服务选择渠道，为自身带来持续的、充足的资本，实现其快速健康发展。

2. 中小企业对金融机构的作用机制

（1）提高金融机构利润。中小企业融资可以为金融机构带来更多的贷款业务，扩大市场份额，有助于提高金融机构的利润率，促使金融机构更好更快发展。中国人民银行官网发布的《中国金融稳定报告（2018）》显示，2017年，银行业金融机构实现净利润2.2万亿元，同比增长6.15%，增速上升2.5个百分点。截至当年末，银行业金融机构资产利润率0.91%，资本利润率11.91%。而中小企业是促进国民经济发展、构造市场经济主体的基础力量，在国民经济中占有十分重要的地位，中小企业的持续健康发展有利于拉动经济增长，增加国民收入，促进金融机构利润的增长。

（2）促进存贷款量增加。中国人民银行官网发布的《中国金融稳定报告（2018）》显示，截至2017年末，金融机构本外币各项存款余额169.3万亿元，同比增长8.8%；金融机构本外币贷款余额125.6万亿元，同比增长12.1%。在资本方面，该报告披露的数据显示，截至2017年末，商业银行核心一级资本充足率为10.75%，一级资本充足率为11.35%，同比上升0.1个百分点；资本充足率为13.65%，同比上升0.37个百分点，资本较为充足。在金融机构的扶持下，中小企业生产效率得到提升，流动资金量大大增加，从而使得金融机构能够提高投资收益率，缩短资本回收期，促进存款和贷款的增加量。

四、本章小结

本章构建了中小企业扶持性政策执行网络。首先，界定了中小企业扶持性政策执行网络概念，所谓"中小企业扶持性政策执行网络"就是中小企业扶持性政策执行过程中各相关要素基于互联结成的关系网络，其内涵要素包括政府、金融机构和中小企业；其次，对中小企业扶持性政策网络主体及作用要素进行了识别；最后，基于各网络主体间不同的价值取向和利益诉求，尝试性构建了各网络主体间的互动机制。

第五章 中小企业扶持性政策执行网络关键影响要素识别

一、中小企业扶持性政策执行网络影响要素体系构建

将第四章中政策执行影响因素指标进行归纳整理,绘制如表 5.1 所示的中小企业扶持性政策执行网络影响要素体系。

表 5.1 中小企业扶持性政策执行网络影响要素体系

一级指标	二级指标	三级指标	代码
政府层面	执行主体	执行主体是否多元化	Ga1
		执行态度是否坚决	Ga2
		执行能力强弱	Ga3
	执行制度	执行制度是否完善	Gb1
		监督制度是否完善	Gb2
		问责制度是否完善	Gb3
	执行资源	人力资源完备度	Gc1
		物质资源完备度	Gc2
		资金完备度	Gc3
		信息资源完备度	Gc4

一级指标	二级指标	三级指标	代码
政府层面	执行环境	辅助政策是否完善	Gd1
		地方经济发展程度	Gd2
		地方法治是否完善	Gd3
		媒体宣传力度	Gd4
金融机构层面	正规金融机构	银行融资服务意愿	Sa1
		银行融资门槛高低	Sa2
		信贷担保体系完善程度	Sa3
	民间融资机构	民间融资服务意愿	Sb1
		民间融资门槛高低	Sb2
		民间融资体系完善程度	Sb3
中小企业层面	企业	企业文化开放程度	Ea1
		企业信用状况	Ea2
		企业政治信任状况	Ea3
		员工认同度	Ea4
		员工执行意愿	Ea5
	企业家能力	企业家信息获取能力	Eb1
		企业家机会识别能力	Eb2
		企业家执行能力	Eb3

二、中小企业扶持性政策执行网络
关键影响要素识别过程

应用模糊集理论对专家评分数据进行预处理，可较为科学、有效地表示中小企业扶持性政策执行效率各影响要素之间的相互影响程度（Zolfani & Ghadikolaei，2013），而 DEMATEL 方法则可通过分析复杂系统中各要素之间的相互影响程度辨识出其中的关键要素及其重要程度（Lin & Wu，2008），加之 ISM 集成分析法可有效划分出各关键要素的结构层次（史丽萍和杜泽文，2013），适合对中小企业扶持性政策执行效率关键影响要素识别问题进行探讨。本节采用基于模糊集理论的 DEMATEL 和 ISM 集成分析法，对中小企业扶持性政策执行网络的关键影响要素进行辨识，以期能有效克服以往学者在中小企业扶持性政策执行方面研究的方法缺陷。

（一）因素关系的判定

本书采取专家打分法，即将影响程度分为从影响很大（记为数字 4）到没有影响（记为数字 0）的五个等级，形成 28×28 问卷（见附录）。并邀请云南省中小企业服务中心代表（2 名）、昆明中小企业典型代表（1 名）和云南省中小企业研究院代表（2 名）共 5 位专家对所构建的中小企业扶持性政策执行网络影响要素体系中的 28 个三级指标之间的相互关系进行独自判定，最后得到 5 份由语言变量组成的数据，以备后续处理。

（二）语言变量的转化

首先，根据表 5.2 将每位专家对各个影响因素间相关关系的判定结果转化为对应的三角模糊数，分别记录在相应的矩阵中。

表 5.2 语言变量与模糊数的转换关系

语言变量	对应数字	相对应的三元模糊数
没有影响	0	(0, 0.1, 0.3)
影响很小	1	(0.1, 0.3, 0.5)
影响不大	2	(0.3, 0.5, 0.7)
影响较大	3	(0.5, 0.7, 0.9)
影响很大	4	(0.7, 0.9, 1.0)

其次，运用 Opricovic 和 Tzeng（2004）的方法获得第 k 个专家反映的 i 因素对 j 因素标准化后的影响值。即根据式（5-1）~式（5-3）将每位专家打

分的三角模糊数进行标准化处理。其中，$m\alpha_{ij}^k$ 表示标准化后的 α_{ij}^k 值，$m\beta_{ij}^k$ 和 $m\gamma_{ij}^k$ 分别表示标准化后的 β_{ij}^k 值和 γ_{ij}^k 值；运用式（5-4）和式（5-5）得出左右标准值。其中，$m\alpha s_{ij}^k$ 表示左标准值，$m\gamma s_{ij}^k$ 表示右标准值；利用式（5-6）计算总的标准化值，记为 m_{ij}^k。

$$m\alpha_{ij}^k = \frac{\alpha_{ij}^k - \min\limits_{1\leqslant k\leqslant K} \alpha_{ij}^k}{\max\limits_{1\leqslant k\leqslant K} \gamma_{ij}^k - \min\limits_{1\leqslant k\leqslant K} \alpha_{ij}^k} \tag{5-1}$$

$$m\beta_{ij}^k = \frac{\beta_{ij}^k - \min\limits_{1\leqslant k\leqslant K} \alpha_{ij}^k}{\max\limits_{1\leqslant k\leqslant K} \gamma_{ij}^k - \min\limits_{1\leqslant k\leqslant K} \alpha_{ij}^k} \tag{5-2}$$

$$m\gamma_{ij}^k = \frac{\gamma_{ij}^k - \min\limits_{1\leqslant k\leqslant K} \alpha_{ij}^k}{\max\limits_{1\leqslant k\leqslant K} \gamma_{ij}^k - \min\limits_{1\leqslant k\leqslant K} \alpha_{ij}^k} \tag{5-3}$$

$$m\alpha s_{ij}^k = \frac{m\beta_{ij}^k}{1 + m\beta_{ij}^k - m\alpha_{ij}^k} \tag{5-4}$$

$$m\gamma s_{ij}^k = \frac{m\gamma_{ij}^k}{1 + m\gamma_{ij}^k - m\beta_{ij}^k} \tag{5-5}$$

$$m_{ij}^k = \frac{m\alpha s_{ij}^k(1 - m\alpha s_{ij}^k) + m\gamma s_{ij}^k m\gamma s_{ij}^k}{1 - m\alpha s_{ij}^k + m\gamma s_{ij}^k} \tag{5-6}$$

最后，计算所有专家对各个影响因素间相互关系的最终处理结果。即根据式（5-7）获得第 k 个专家反映的 i 因素对 j 因素的量化影响值，记为 w_{ij}^k；利用式（5-8）计算出所有专家评估的 i 因素对 j 因素的最终量化影响值，记为 w_{ij}，即直接影响矩阵 $W = w_{ij}$（见附录）。

$$w_{ij}^k = \max\limits_{1\leqslant k\leqslant K} \alpha_{ij}^k + m_{ij}^k(\max\limits_{1\leqslant k\leqslant K} \gamma_{ij}^k - \min\limits_{1\leqslant k\leqslant K} \alpha_{ij}^k) \tag{5-7}$$

$$w_{ij} = \frac{1}{k}\sum_{k=1}^k w_{ij}^k \tag{5-8}$$

（三）关键要素的识别

根据式（5-9）和式（5-10）计算标准化直接影响矩阵和综合影响矩阵。求出直接影响矩阵 W 中各行和各列之和，取最大值作为被除数 S，用 W

除以 S ，即利用式（5-9）得到标准化直接影响矩阵 G ；接着，运用式（5-10）将标准化直接影响矩阵 G 转化为综合影响矩阵 T（见附录）。其中，矩阵之间的运算可利用 MATLAB 软件来完成。

$$G = \frac{W}{S} = \frac{W}{max\left(max\sum_{i=1}^{n}a_{ij}, max\sum_{j=1}^{n}a_{ij}\right)} \tag{5-9}$$

通过式（5-11）和式（5-12）计算矩阵 T 各行之和（记为 r）和各列之和（记为 c）。t_{ij} 表示因素 i 对因素 j 的直接或间接影响程度。r_i 表示因素 i 对系统中其他因素的直接或间接影响程度的总和，称为影响度（D）；而 c_j 表示 j 因素受到系统中其他因素的直接或间接影响程度的总和，称为被影响度（R）。当 $i = j$ 时，$r_i + c_j$ 表示该因素在系统中的中心程度，称为中心度（记为 $D + R$）；$r_i - c_j$ 表示该因素影响其他因素或被其他因素影响的程度，称为原因度（记为 $D - R$）。若 $r_i - c_j$ 为正数，则表示因素 i 影响其他因素的程度大于其他因素对因素 i 的影响程度，这时称因素 i 为原因因素；若 $r_i - c_j$ 为负数，则表示因素 i 影响其他因素的程度小于其他因素对因素 i 的影响程度，这时称因素 i 为结果因素。经过运算，得到如表 5.3 所示的 DEMATEL 运算结果。

$$r = \left[r_i\right]_{1*n} = \left[\sum_{j=1}^{n}t_{ij}\right]_{1*n} \tag{5-11}$$

$$c = \left[c_j\right]_{n*1} = \left[\sum_{i=1}^{n}t_{ij}\right]_{n*1} \tag{5-12}$$

1. 各指标影响度分析

由表 5.3 数据处理结果可知，Ga1、Ga3、Gb1、Gb2、Gb3、Gc1、Gc2、Gc3、Gd1、Gd3、Gd4、Sa3、Ea1、Ea3 是原因因素。企业政治信任（Ea3）有着排名第 1 的影响度、排名第 3 的中心度及排名第 5 的被影响度，表明企业政治信任能显著影响其他因素，也易被其他因素影响。类似指标还有资金完备度（Gc3）、执行能力强弱（Ga3）、辅助政策是否完善（Gd1）和信贷担保体系完善程度（Sa3）。地方法制是否健全（Gd3）、问责制度是否完善（Gb3）和监督制度是否完善（Gb2）的影响度排名分别为第 2、第 4 和第 5，原因度排名分别为第 6、第 2、第 1 和第 3，而被影响度排名分别为第 27、第

28 和第 24，表明这三个因素具有强烈的主动性，能显著影响其他因素，却极少受到其他因素的影响。具有这种特点的指标还有执行主体是否多元化（Ga1）、执行制度是否完善（Gb1）、人力资源完备度（Gc1）、物质资源完备度（Gc2）、媒体宣传力度（Gd4）。此外，企业文化开放度 Ea1 的影响度和被影响度都较低，表明该因素与其他因素关系不紧密，对其他因素影响能力较弱，也极少受到其他因素影响。

Ga2、Gc4、Gd2、Sa1、Sa2、Sb1、Sb2、Sb3、Ea2、Ea4、Ea5、Eb1、Eb2、Eb3 是结果因素。执行主体态度是否坚决（Ga2）、地方经济发展程度（Gd2）、银行融资服务意愿（Sa1）和银行融资门槛高低（Sa2）的被影响度排名分别为第 2、第 3、第 6 和第 7，中心度排名分别为第 2、第 5 和第 8，而影响度排名分别为第 3、第 8、第 18 和第 17，表现出强烈的被动性，极易受其他因素影响。同时，民间融资服务意愿（Sb1）、民间融资门槛高低（Sb2）、企业信用状况（Ea2）、员工认同度（Ea4）、员工执行意愿（Ea5）和企业家执行能力（Eb3）也具有类似的特点。然而，信息资源完备度（Gc4）、民间融资体系完善程度（Sb3）、企业家信息获取能力（Eb1）和企业家机会识别能力（Eb2）的影响度和被影响度都较低，表示这些因素和系统中其他因素联系较弱。

表 5.3 DEMATEL 计算结果分析

	影响度 D	排名	被影响度 R	排名	中心度 D + R	排名	原因度 D - R	排名
Ga1	4.180	6	3.143	23	7.323	13	1.037	4
Ga2	3.605	16	4.537	2	8.143	3	-0.932	26
Ga3	3.914	11	3.703	10	7.617	6	0.211	12
Gb1	4.042	9	3.410	18	7.452	10	0.632	9
Gb2	4.228	5	3.089	24	7.317	14	1.140	3
Gb3	4.321	4	2.939	28	7.260	17	1.382	1
Gc1	3.956	10	3.338	21	7.294	16	0.619	10
Gc2	4.149	7	3.430	17	7.578	7	0.719	8

续表

	影响度 D	排名	被影响度 R	排名	中心度 $D+R$	排名	原因度 $D-R$	排名
Gc3	4.369	1	3.534	15	7.903	4	0.834	6
Gc4	3.182	22	3.485	16	6.667	25	−0.304	16
Gd1	3.746	15	3.624	13	7.370	12	0.121	13
Gd2	4.083	8	4.478	3	8.561	2	−0.396	18
Gd3	4.352	2	3.018	27	7.370	11	1.334	2
Gd4	3.878	13	3.028	26	6.906	22	0.850	5
Sa1	3.510	18	4.135	6	7.645	5	−0.625	23
Sa2	3.511	17	4.032	7	7.543	8	−0.521	22
Sa3	3.901	12	3.599	14	7.499	9	0.302	11
Sb1	3.219	21	4.006	8	7.225	18	−0.787	24
Sb2	2.988	24	3.849	9	6.838	24	−0.861	25
Sb3	3.091	23	3.371	20	6.462	26	−0.280	15
Ea1	3.806	14	3.083	25	6.889	23	0.723	7
Ea2	3.278	20	3.687	11	6.965	21	−0.409	19
Ea3	4.341	3	4.306	5	8.647	1	0.036	14
Ea4	2.546	28	4.607	1	7.153	19	−2.061	28
Ea5	2.883	26	4.411	4	7.294	15	−1.528	27
Eb1	2.827	27	3.246	22	6.073	28	−0.419	20
Eb2	2.959	25	3.394	19	6.353	27	−0.435	21
Eb3	3.301	19	3.683	12	6.985	20	−0.382	17

2. 各指标中心度分析

综合上表，从指标的影响度、被影响度、中心度来看，资金完备度的影响度排名第1，中心度排名第4；企业政治信任的影响度排名第3，中心度排名第1；虽然地方法制是否健全的中心度排名第11，但其影响度和原因度排名第2；同理，虽然监督制度是否完善和问责制度是否完善的中心度排名分别为第14和第17，但其影响度排名分别为第5和第4，原因度排名分别为第

3 和第 1。很明显这五个因素强烈影响其他因素，可以判定为关键因素。

执行主体是否多元化的影响度和原因度排名分别为第 6 和第 4，被影响度排名为第 23；执行制度是否完善的影响度和原因度排名都是第 9，被影响度排名第 18；物质资源的完备度影响度和中心度排名均为第 7，原因度排名第 8，被影响度排名第 17；执行态度是否坚决、地方经济发展程度被影响度排名分别为第 2 和第 3，中心度排名分别为第 3 和第 2，影响度分别为第 16 和第 8；类似有执行能力强弱、人力资源完备度、辅助政策是否完善、媒体宣传力度、信贷担保体系完善程度、企业文化开放程度都有着较高的影响度、中心度和原因度及较低的被影响度。可见这 11 个指标在系统中有较强的主动性，对其他因素有较大的影响，可以判定为重要因素。

银行融资服务意愿、银行融资门槛高低虽然中心度排名分别为第 5 和第 8，但其影响度排名分别为第 18 和第 17，原因度排名分别为第 23 和第 22；信息资源完备度，民间融资体系的完善程度，企业信用状况，企业家信息获取能力、机会识别能力和执行能力即使被影响度较低，但影响度、原因度和中心度排名都较高。而民间融资服务意愿、民间融资门槛高低、员工认同度、员工执行意愿的被影响度较高，影响度、中心度和原因度较低。这表明这些因素具有较高的被动性，对其他因素影响较低，故被判定为系统中不重要的因素。

（四）因素层次的归类

因为综合影响矩阵仅反映了系统中不同指标之间的相关关系，没有考虑指标对自身的影响。因此，设矩阵 I 为单位矩阵，利用式（5-13）可得能反映包括每个指标对自身影响程度的所有指标之间相互关系的整体影响矩阵（记为 L），通过式（5-14）得到可达矩阵（记为 H）（见附录）。其中，λ 是一个阈值，可根据实际问题而定（史丽萍和杜泽文，2013）。设置的目的是通过舍去可达矩阵中较小的数值，即忽略指标之间不显著的影响关系而简化影响因素的系统层次结构，以便科学、合理地对中小企业扶持性政策执行网络影响要素系统的层次结构进行划分。

$$L = T + I \tag{5-13}$$

$$h_{ij} = \begin{cases} 1, & l_{ij} \geq \lambda \\ 0, & l_{ij} \leq \lambda \end{cases} \tag{5-14}$$

观察可达矩阵，计算出可达集合（记为 $P(R_i)$）和先行集合（记为 $A(R_i)$）。其中，某个指标的可达集合 $P(R_i)$ 由矩阵 H 中第 i 行中所有指标为 1 的列所对应的指标组成；先行集合 $A(R_i)$ 由矩阵 H 中第 i 列中所有指标为 1 的行所对应的指标组成（彭濛萌，2015）。求出各指标的可达集合与先行集合并求出二者的交集，其中可达集合与交集相同的指标归为第一层，即表层影响因素。将此类指标从矩阵 H 中划去后，得到新的可达矩阵 H_1；重复以上步骤，可得第二层影响因素；不断重复以上过程，即可得到中小企业扶持性政策执行网络影响因素系统的层次结构划分结果，如图 5.1 所示。

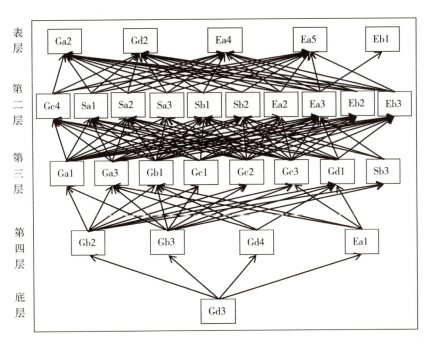

图 5.1　多级递阶解释结构模型

结合图 5.1 可知，影响因素可分为五个层次：第一层因素包括执行主体态度是否坚决、地方经济发展程度、员工认同度、员工执行意愿和企业家信息获取能力。这五个因素在系统中属于表层影响因素，直接影响政策执行效果，并且执行主体的态度是否坚决和地方经济发展程度为本层的重要影响因素。

第二层因素包括银行融资服务意愿、民间融资服务意愿、银行融资门槛高低、民间融资门槛高低、信贷担保体系完善程度、信息资源完备度、企业信用状况、企业政治信任状况、企业家机会识别能力和企业家执行能力。这十个因素对表层的五个因素起直接影响作用，并对政策执行效率起着较为直接的影响作用。企业政治信任状况在系统中属于关键因素，而信贷担保体系完善程度在系统中属于重要因素。

第三层因素包括执行主体是否多元化、执行主体能力强弱、执行制度是否完善、人力资源完备度、物质资源完备度、资金完备度、辅助政策是否完善和民间融资体系完善程度。在指标体系中本层因素直接影响上层各因素，并且间接影响政策执行结果。此外，资金完备度在系统中属于关键因素，而执行主体是否多元化、执行主体能力强弱、执行制度是否完善、人力资源完备度、物质资源完备度、资金完备度和辅助政策是否完善在系统中属于重要因素。

第四层因素包括监督制度是否完善、问责制度是否完善、媒体宣传力度和企业文化开放程度。本层因素直接影响上层各个因素，并对政策执行结果有深远影响。此外，监督制度是否完善和问责制度是否完善在系统中属于关键因素，媒体宣传力度和企业文化开放程度属于重要因素。

第五层因素为地方法制是否完善，同时该因素在系统中属于关键因素，对以上各层因素有不同程度的影响，并对政策执行效果产生最深远的影响作用。

三、本章小结

本章在对云南省中小企业发展现状深入考察的基础上，构建了云南省中小企业扶持性政策执行网络影响要素指标体系。并且在基于模糊集理论的DEMETEL和ISM集成法上，定量整合分析了相关领域的专家对各个要素之间相互关系的判定信息。得到如下结果：

就总体而言，政府方面的因素是云南省中小企业扶持性政策执行效率的关键要素。由分析结果可知，资金完备度不但是关键要素还是起间接影响作用的因素。而监督制度和问责制度是否完善不但是关键要素，还因位于系统中第四层，对政策执行效率起基础性影响作用。此外，执行主体的态度是否坚决和地方经济发展程度是重要因素，直接影响政策执行效率。执行主体是否多元化、执行主体能力强弱、执行制度是否完善、人力资源完备度、物质资源完备度及辅助政策是否完善位于系统第四层，间接影响政策执行结果，但影响作用不容忽视。因此，政府应完善政策执行制度和所需资源供给，多元化执行人员选择，端正执行主体态度，加强监督和问责力度。

云南省金融机构对中小企业扶持性政策执行效率有直接影响。由DEMA-TEL分析可知信贷担保体系完善程度是重要影响因素，直接影响政策执行成效；银行融资服务意愿及门槛高低、民间融资服务意愿及门槛高低虽被划分为不重要因素，但因为直接服务于中小企业且处于系统的第二层，对政策执行结果有较为直接的影响。

基于此，在鼓励和调动银行金融机构为中小企业提供服务的同时，政府应重视民间融资体系的建立和完善。放下对民间融资的偏见，完善民间融资相关立法，支持和保护合法的民间借贷活动，保障借贷双方的合法权益，增强民间融资的扶持意愿，从而有效地扩展和规范中小企业进行融资的方法和途径。

云南省中小企业在云南省中小企业扶持性政策执行网络中的作用值得关注。在政策执行过程中，小企业政治信任状况是关键因素，且位于系统第二层，直接影响政策执行成效；企业文化开放程度是重要影响因素，位于系统的第四层，对政策执行效率有基础性的影响作用；企业信用状况、员工认同度、员工执行意愿、企业家信息获取能力、机会识别能力和执行能力虽被划分为较不重要的因素，但因这六个因素都处于系统层次结构的前两层，所以直接影响政策执行结果。

因此，作为政策受众，中小企业对政策执行效率的作用不容忽视。在政府大力扶持的机遇下，中小企业更应积极、主动地配合各项扶持性政策的执行。此外，中小企业还应加强企业文化建设，提高企业政治信任，增强企业对新事物的接受和适应能力。企业家应加强自身信息获取能力、机会识别能力和执行能力，适应社会、国家发展的经济大趋势。

第六章　关键影响要素与中小企业
扶持性政策执行的关系机理

由第五章影响因素研究结果可知，中小企业政治信任是云南省中小企业扶持性政策执行效率的关键因素，本章拟采用实证研究法，深入探讨云南省中小企业政治信任与该省中小企业扶持性政策执行效率的关系，并把情绪传染纳入研究视角，考察其调节作用。

一、问题的提出

政策执行梗阻一直是我国政府研究的焦点及难点问题（吴少微和杨忠，2017）。学者们分别从中国特色情境视角（吴少微和杨忠，2017）、央地关系视角（殷华方等，2007）、官员激励视角（冉冉，2015）、博弈视角（谢炜和蒋云根，2007）、协同视角等对其成因做出了积极探讨。研究结果显示，中国情境下特有的差序政府信任现象，不仅导致基层治理陷入经典的塔西佗陷阱（韩宏伟，2015），而且还会影响基层治理绩效（张成福和边晓慧，2013）。考虑到政策执行主体对政策执行效果的能动性，建立执行主体间的共生关系可能成为保障政策执行有效性的新型手段（吴少微和杨忠，2017）。但上述共生关系的构建机制、可能涉及的共生主体以及构建的理论依据等问题均缺乏相关深入报道。

计划行为理论（Theory of Planned Behavior，TPB）指出，态度对个体行为具有显著影响（Fishbein & Ajzen，1975）。公众对政府或政治制度所抱有的信心（张书维等，2014），即公众的政治信任，对预测其行为具有重要意义。甚至有研究显示，作为一种宏观层次的社会资本，政治信任相对于社会资本、物质资本和人力资本而言，可能发挥着更强大的经济促进动能（Fukuyama，1995）。它不仅是政府施政效果的晴雨表，也是政策执行的润滑剂。高水平的政治信任不仅可以提高受众者的政策支持力度，而且还能减少政策执行中的效果扭曲（乔志程等，2018），为政策执行营造良好的政治环境。尽管政治信任高低变化对政治参与行为影响显著，但是学术界对此研究碎片化特征明显（梅立润和陶建武，2018），难以勾勒两者之间的翔实关系。有鉴于此，本章从政策执行受众者的政治信任这一微观心理视角切入政策执行梗阻问题成因研究，通过厘清政治信任对政策执行绩效的作用机理，为政策执行主体间共生关系构建奠定理论基础。

公众对政府或政治制度所抱有的态度或信心，会有意识或无意识地感染给其他人，即产生情绪的感染现象。所谓情绪感染，指在某个群体中，个人情绪会为其他人的情绪所影响，使接受者倾向于模仿激发者的情绪、动作及行为，并最终与激发者的情绪、动作与行为趋于一致的现象（王潇等，2010）。根据情绪效价的差异性，可将情绪感染分为积极情绪感染和消极情绪感染两个维度。积极情绪感染指个体在他人正性情绪的感染下，表现出与其一致的积极情绪体验的过程；而消极情绪感染是指在他人负性情绪的感染下，个体获得的与之相应的消极、厌恶的情绪体验的过程（Reimert et al.，2013）。由于政策执行受众者的政治信任具有外显性和传染性，因此本章探索性地将情绪感染纳入政治信任与政策执行的关系模型中，考察其对两者关系的调节作用。

基于上述考虑，为切实缓解我国政策执行梗阻问题，依托计划行为理论和情绪感染理论，探索性地从政治信任和情绪感染两个微观视角对政策执行绩效进行剖析。具体而言，首先，系统性地提出政治信任（具体包括政府信任、政策信任和官员信任三个维度）对政策执行绩效（具体包括行政绩效、经济绩效和社会绩效三个维度）的关系假设；其次，将情绪感染（具体包括积极情绪感染和消极情绪感染）作为调节变量纳入关系模型中；最后，通过规范性实证研究范式，对所提假设进行实证验证，并就验证结果进行分析和讨论。

二、文献回顾与研究假设

（一）政治信任与政策执行

作为社会、政治和经济生活的重要衡量指标（Caballero & Alvarezdiaz，2018），政治信任一直是政治科学研究的热点话题（Turper & Aarts，2017）。所谓政治信任，是指对政府运作满足公众正常预期程度的基本评价导向（Hetherington，1998）。学者们基于不同的研究目的和研究视角，对政治信任维度进行了不同层次的划分。例如，Blind（2007）认为政治信任存在宏观（即对政策组织的信任）和微观（即对政府官员或政治领导人的信任）两个层面；肖唐镖和王欣（2010）从广义视角认为，政治信任包括对政治共同体的信任、对广义政府的信任、对政治精英的信任三个层面；Wang（2005）认为，政治信任包含人际信任（即公众对政府行为体、政府行政人员的信任）和组织信任（即公众对政治制度、政府机构的信任）。本书按照戴维·伊斯顿（1999）对政治信任的分类方式，将政治信任划分为政府信任、政策信任和官员信任三个维度。

计划行为理论中关于态度与行为关系的解释，为梳理公众政治信任与政策执行关系机理奠定了理论基础。计划行为理论认为，行为态度、主观规范和知觉行为控制，通过行为意愿的中介作用对行为发生进行显著性影响。具体而言，态度越积极、关键个体支持力度越大、知觉行为控制越强，行为意向就越大，行为发生就越有可能；反之则越小（段文婷和江光荣，2008）。而个体对某特定行为执行结果的信念强度将影响其行为态度，继而干扰其行为意向。大量的实证研究均验证了计划行为理论在解释和预测个体行为方面的效益和作用（郑栋，2018）。甚至有学者将信任变量作为态度的关键前置变量，对计划行为理论模型进行了扩展（Wu & Chen，2005）。故而，依托计划行为理论可以作出如下推导：公众的政治信任程度影响其对政府及其政策、人员的态度，从而影响其执行政府政策的意愿，并最终影响其执行效果。

大量的实证研究结果表明，公众对公共政策的支持力度受政治信任水平的影响。例如，公众的政治信任程度影响其自觉守法（Marien & Hooghe，2011）、腐败认知（Wroe et al.，2013）以及对政府官员的评价（Seyed，2015）。确切地说，公众较低的政治信任水平会降低其政治参与度，增加其政治挑衅行为和违法行为（Stevenson & Wolfers，2011）；而较高的政治信任水平，往往会提高公众对该国政治机构的信任程度，促使公众更愿意牺牲自身物质利益支持公益政策，促进社会和经济绩效。学者们发现受2008年国际金融危机的影响出现高失业率的国家（如美国、西班牙等）也正在经历政治信任的急剧下滑（Hatfielde，1994）。这均折射出民众对政府的信任或认可程度将影响政府的施政效果。据此提出如下假设：

H1（a，b，c）：政治信任（政府信任、政策信任、官员信任）对政策执行的行政绩效具有显著的正向影响作用。

H2（a，b，c）：政治信任（政府信任、政策信任、官员信任）对政策执行的经济绩效具有显著的正向影响作用。

H3（a，b，c）：政治信任（政府信任、政策信任、官员信任）对政策执行的社会绩效具有显著的正向影响作用。

（二）情绪感染的调节作用

如何提升组织情绪能力，增强员工之间的积极情绪传染以促进组织发展，已成为管理实践的重要研究课题。所谓情绪感染，是指人们在社交过程中，会自动、即时和持续地模仿他人的表情、声音、姿势、动作和行为等，并倾向于时刻捕捉他人的情绪（Hatfielde，1994）。依据 Van Kleef 等（2009）对情绪的持续研究结果，情绪具有个人效应和人际效应。所谓情绪的个人效应，是指个人的心境状态对自身行为的影响；而情绪的人际效应，是指个人的情绪对他人行为的影响。

政策受众者对政府官员及相关政策所表现出的信任程度，将在其自身积极或消极情绪的展示下，直接作用于其对政策执行绩效的认知水平。当政策受众者持有积极情绪时，其对政府官员及其所制定政策的信任程度（即官员信任和政策信任），将强化自身及其情绪观察者对政府政策执行效果的认知水平；当政策受众者持有消极情绪时，其对政府官员及相关政策的信任程度将弱化自身及其情绪观察者对政策执行效果的感知水平。

情绪社会信息模型（Emotions as Social Information Model，EASI）认为，情绪可通过引发观察者的推理过程和情感反应两条路径发挥其人际效应（Van Kleef，2009）。一方面，情绪观察者往往会根据自身情绪，有意识或无意识地提取有关情绪表达者的态度、行为意图等相关信息，继而通过信息加工、逻辑推理等过程得出结论，影响其后期行为。另一方面，情绪表达者对特定事物所展示出的情绪，将通过情绪感染过程直接传递给情绪观察者，继而引发情绪观察者展示出相同或相反的情感反应，这也体现了情绪的社会功能性。所谓情绪的社会功能，是指情绪具有帮助个体适应环境进而强化人际互动的功能（Van Kleef et al.，2010）。在日常的人际交往过程中，情绪观察者可通过自身情绪的反应来表达其对情绪表达者行为、情感、态度的认同程度。尤其是当情绪表达者展示出某种情绪后，情绪观察者会有意识或无意识地动态调整自身行为，以趋同或趋异于情绪表达者，构建并维系两者间的社会关系（汤超颖等，2011）。所以，当周围的政策受众者展示出其对政府官员或相关政策积极或消极的认知态度时，个体趋于自身社会关系构建及维护的需求，也会有意识或无意识地表现出相同或迥异的情绪反应，最终影响了其对政策执行效果的认知状态。

根据情绪效价的差异性，可将情绪感染分为积极情绪感染和消极情绪感染两极。不同效价的情绪将产生不同的情绪判断。具体而言，积极的心境可促使个体做出积极判断，消极的心境导致个体做出消极判断（Winkielman et al.，2007）。

积极心理学的兴起引发了学者对积极情绪效应及其作用机制的探索与关注。有研究指出，积极情绪体验不仅有利于个体感知积极的信息暗示，而且有利于组织营造积极的情绪氛围（Rhee，2007），使其产生更强的行为意向；领导者的情绪传染越高，变革型领导与下属工作投入之间的正相关关系则越强；投资者高涨的情绪正向调节企业生命周期对其融资约束缓解和融资方式选择的影响机制（黄宏斌等，2016）。具体到政治信任和政策执行绩效关系方面，可以推测，政策受众主体的积极情绪感染可能对政治信任与执行绩效的关系起正向调节作用，即个体的积极情绪感染会强化政策受众者的政治信任对政策执行绩效的正向关系。政策受众主体在交互过程中会有意识或无意识地捕捉甚至模仿情绪传播者对政府及其行为的积极信任情绪，促使情绪接受者更倾向于肯定政策落实后的绩效表现。据此提出如下假设：

H4（a，b，c）：积极情绪感染对政治信任（政府信任、政策信任、官员信任）与行政绩效的关系起正向调节作用。

H5（a，b，c）：积极情绪感染对政治信任（政府信任、政策信任、官员信任）与经济绩效的关系起正向调节作用。

H6（a，b，c）：积极情绪感染对政治信任（政府信任、政策信任、官员信任）与社会绩效的关系起正向调节作用。

由于消极的事件往往更能引发人们强烈和迅速的情绪、行为和认知反应（Rozin & Royzman，2001），因此与积极的、非威胁的情绪相比，消极的、威胁的情绪更具传染性（Spoor，2009），影响程度更大（Baumeister et al.，2001）。根据情感事件理论（Affective Event Theroy，AET），组织成员在工作中所经历的各种事件都会引发个体的情感反应，影响员工的工作态度和行为。消极情绪使员工消极怠工，对未发生的事情持消极态度，做出不利于组织利益的事情（Glomb et al.，2011）。具体到政治信任和执行绩效关系方面，可以推测出，政策受众主体的消极情绪感染可能对政治信任与执行绩效的关系起负向调节作用，即个体的消极情绪感染会弱化政策受众者的政治信任与政策执行绩效之间的正向关系。当政策受众主体与其他个体交流时，其自身对政府及其行为的消极态度和情绪会通过面部表情、言语、行为展示给情绪接受者，导致情绪接收者有意识或无意识地做出相似认知，最终影响其对政策执行绩效的理性判断。据此提出如下假设：

H7（a，b，c）：消极情绪感染对政治信任（政府信任、政策信任、官员信任）与行政绩效的关系起负向调节作用。

H8（a，b，c）：消极情绪感染对政治信任（政府信任、政策信任、官员信任）与经济绩效的关系起负向调节作用。

H9（a，b，c）：消极情绪感染对政治信任（政府信任、政策信任、官员信任）与社会绩效的关系起负向调节作用。

基于上述分析，可将政治信任、情绪感染与政策执行之间的关系假设绘制成如图 6.1 所示的概念模型。

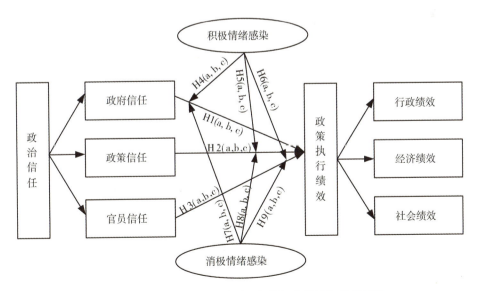

图 6.1　政治信任与执行绩效之间的概念模型与关系假设

三、研究设计

（一）数据与样本

由于政治信任、情绪感染、政策执行等数据无法从公开资料中获得，本书采用大规模企业问卷调查的方式进行数据的收集和实证分析。为保证样本质量和数据真实有效，我们尽可能排除干扰因素的影响。课题组先做了小样本的数据收集和预测试，在小样本因子分析后，对调查问卷进行了合理的微调，然后再进行大规模的问卷发放。从被调查样本的基本特征来看，被试中男性 86 名、女性 76 名，分别占比 53.1%、46.9%；被试者多数处于 21～30 岁及 31～40 岁这两个年龄阶段，分别占比 51.6% 和 38.5%；被试样本的教育背景主要集中在本科、研究生及以上学历，分别占比 54.7% 和 34.2%；样本中高层管理者、中层管理者和基层管理者的比例分别为 17.4%、35.4% 和 47.2%。被试样本的这些特征符合本书的样本要求。

（二）变量与测量

本书问卷使用的大部分题项均来自国外较为成熟的测度量表。为保证量表的质量，翻译工作由多名具有海外留学和工作经验的管理学领域专业研究者共同完成。并在预调研中通过访谈和沟通对部分题项的表述做了修改和调整，使其表述更加符合被试对象的实际情况和理解方式。

1. 被解释变量

本书所涉及的被解释变量为政策执行绩效，指政策执行的有效性和价值，体现在行政绩效（包括预定目标的实现、执行的连续性、相关配套政策的完善性、内外部监督机制的完善性等）、经济绩效（包括减税情况、融资困境的解决情况、壁垒的降低情况、技术创新的促进性等）和社会绩效（包括社会整体效果、就业的带动情况、社会稳定的促进情况等）。主要参考朱庄瑞和吕萍（2015）的研究，分别设计了行政绩效 6 个题项、社会绩效 4 个题项、经济绩效 5 个题项对政策执行绩效进行测度。

2. 解释变量

本书所涉及的解释变量为政治信任，是指一般民众对一个国家（或地方）的政府及行为认可的程度，具体包括对政府机构的信任（即政府信任）、对政府提供公共服务的信任（即政策信任）以及对政府公务人员的信任（即官员信任）。主要参考肖唐镖和王欣（2010）、Lui 和 Ngo（2004）、Levin 和 Cross（2004）等的研究，分别设计了政府信任 5 个题项、政策信任 6 个题项、官员信任 5 个题项对政治信任进行测度。

3. 调节变量

本书所涉及的调节变量为情绪感染，即情绪从一个个体传递到另一个个体的过程（Belkin，2009），具体包括积极情绪感染和消极情绪感染（Kimura et al.，2008）。主要参考 Kimura 等（2008）的研究，分别设计了积极情绪感染 5 个题项、消极情绪感染 3 个题项对情绪感染进行测度。

4. 控制变量

考虑到性别（Hampson et al.，2006）、年龄（Schoon et al.，2010）、受教育程度（Bovens & Willc，2010）、职位（Serek & Macek，2014）等变量对政治信任、情绪感染及政策执行的影响，本书将上述变量作为控制变量进行了测量。其中，被试者的性别按照"1. 男，2. 女"进行填写。被试者的年龄按照"1. 20 岁及以下，2. 21~30 岁，3. 31~40 岁，4. 41~50 岁，5. 51 岁及以上"进行填写；被试的学历按照"1. 初中及以下，2. 高中/中专，3. 专科，4. 本科，5. 研究生及以上"进行填写。被试者在公司职务按照"1. 高层管理，2. 中层管理，3. 其他"进行填写。

本书调查问卷的内容主要包括两个部分：第一部分为企业及被试者基本情况调查，包括公司所属行业、企业性质、公司规模（职工人数、资产总额、营业收入），被试者性别、年龄、教育程度、在公司职位等；第二部分是研究变量在企业实践中的具体测度，包括政策执行绩效的三个维度（行政绩效、经济绩效和社会绩效）、情绪感染的两个维度（积极情绪感染和消极情绪感染）和政治信任的三个维度（政府信任、政策信任和官员信任）。问卷采用 Likert 七标度打分法，要求被试者从"1. 完全不同意，2. 比较不同意，3. 基本不同意，4. 一般，5. 基本同意，6. 比较同意，7. 完全同意"中进行评价打分。公司职工人数要求被试者根据公司实际情况从"1. 0 ~ 10 人以上，2. 11 ~ 100 人，3. 101 ~ 300 人，4. 300 人以上"进行填写。公司资产总额按照"1. 0 ~ 300 万元，2. 301 万 ~ 2000 万元，3. 2001 万 ~ 10000 万元，4. 10000 万元以上"进行填写。公司年营业收入按照"1. 0 万 ~ 100 万元，2. 101 万 ~ 500 万元，3. 501 万 ~ 20000 万元，4. 20000 万元以上"进行填写。

（三）信度与效度检验

研究采用了 Cronbach's α 系数对因素内部结构的一致性进行测量。结果显示，政治信任、情绪感染、执行绩效三个测量变量的 Cronbach's α 系数分别为 0.940、0.837 和 0.931。三个测量变量具体维度的 Cronbach's α 系数如表 6.1 所示。这说明所用量表具有足够的信度。

为进行因子分析，采用 KMO 检验法和巴特利特球体检验法对相关数据进行测度。结果显示，政治信任、情绪感染、执行绩效三个测量变量的 KMO 值分别为 0.909、0.815、0.925，均大于 0.7；巴特利球体检验的近似卡方统计值的显著性概率均为 0.000，皆小于 0.001。基于上述检测结果，随后采用了主成分分析法对政治信任、情绪感染、执行绩效提取因子。应用具有 Kaiser 标准化的正交旋转法，得到因子载荷矩阵（见表 6.1）。其中，政治信任旋转后所提出的三个因子可解释主变量的 70.281%，情绪感染旋转后所提出的两个因子可解释主变量的 68.503%，执行绩效旋转后所提出的三个因子可解释主变量的 71.031%。

表 6.1　测量指标变量的 Cronbach's α 系数及因子载荷矩阵

测量变量	具体维度	Cronbach's α 系数	题项	成分		
				因子 1	因子 2	因子 3
政治信任（Cronbach's α 系数 = 0.940，KMO 值 = 0.909）	政府信任	0.862	Q16	0.191	0.139	0.755
			Q17	0.364	0.152	0.739
			Q18	0.514	0.062	0.616
			Q19	0.092	0.291	0.812
			Q20	0.028	0.302	0.825
	政策信任	0.872	Q21	0.194	0.583	0.451
			Q22	0.259	0.729	0.133
			Q23	0.188	0.782	0.217
			Q24	0.453	0.697	0.087
			Q25	0.217	0.740	0.243
			Q26	0.296	0.629	0.237
	官员信任	0.932	Q27	0.685	0.448	0.132
			Q28	0.874	0.248	0.161
			Q29	0.836	0.241	0.240
			Q30	0.804	0.378	0.166
			Q31	0.836	0.266	0.161
情绪感染（Cronbach's α 系数 = 0.837，KMO 值 = 0.815）	积极情绪感染	0.867	Q35	0.624	0.290	—
			Q36	0.777	0.246	—
			Q37	0.862	0.142	—
			Q38	0.841	0.130	—
			Q39	0.852	0.026	—
	消极情绪感染	0.797	Q32	0.230	0.760	—
			Q33	0.145	0.869	—
			Q34	0.096	0.845	—

续表

测量变量	具体维度	Cronbach's α 系数	题项	成分		
				因子1	因子2	因子3
执行绩效 （Cronbach's α 系 数=0.931，KMO 值=0.925）	行政绩效	0.901	Q1	0.731	0.163	0.353
			Q2	0.752	0.091	0.296
			Q3	0.803	0.251	0.247
			Q4	0.764	0.376	0.153
			Q5	0.731	0.385	0.098
			Q6	0.581	0.419	0.306
	社会绩效	0.881	Q7	0.415	0.225	0.634
			Q8	0.222	0.314	0.816
			Q9	0.240	0.259	0.838
			Q10	0.244	0.328	0.805
	经济绩效	0.900	Q11	0.311	0.535	0.410
			Q12	0.277	0.778	0.202
			Q13	0.257	0.787	0.300
			Q14	0.281	0.776	0.214
			Q15	0.164	0.716	0.303

初步检验变量之间的相关性，将所涉变量纳入 Pearson 相关系数矩阵中，得到了如表 6.2 所示的变量相关性。从表 6.2 中可以看出，政府信任、政策信任、官员信任与行政绩效显著正相关，初步验证了 H1（a，b，c）；政府信任与经济绩效关系不显著，政策信任、官员信任与经济绩效显著正相关，初步否定了 H2a，验证了 H2b、H2c；政府信任、政策信任与社会绩效显著正相关，官员信任与社会绩效关系不显著，初步验证了 H3a、H3b，否定了 H3c。

与此同时，考虑政治信任与情绪感染具体维度乘积项及政策执行绩效各因子间的相关性可初步判断，情绪感染（不论是积极情绪感染，还是消极情绪感染）对政策信任与行政绩效、官员信任与行政绩效的关系起显著性调节作用，积极情绪感染对政府信任与经济绩效、官员信任与经济绩效的关系起显著性调节作用，而情绪感染（不论是积极情绪感染，还是消极情绪感染）对政治信任与社会绩效的关系则并未表现出显著相关性。

表6.2　变量之间的相关性分析

	(1)	(2)	(3)	(4)	(5)	(6)	(7)	(8)	(9)	(10)	(11)	(12)	(13)	(14)	(15)	(16)
(1) Gender	1															
(2) Age	-0.233***	1														
(3) Education	0.006	-0.156**	1													
(4) Level	0.210***	-0.417***	-0.018	1												
(5) 政府信任	0.036	-0.139*	-0.092	0.060	1											
(6) 政策信任	0.213***	-0.087	0.000	0.254***	0.000	1										
(7) 官员信任	0.157**	-0.140*	-0.018	0.083	0.000	0.000	1									
(8) 政府信任×积极情绪感染	-0.070	0.145*	-0.025	-0.148*	-0.116	-0.200***	0.066	1								
(9) 政府信任×消极情绪感染	0.007	0.042	0.049	-0.019	-0.183**	0.075	0.072	-0.018	1							
(10) 政策信任×积极情绪感染	-0.043	0.060	-0.134*	0.029	-0.231***	0.220***	-0.021	0.019	0.142*	1						
(11) 政策信任×消极情绪感染	-0.020	-0.043	0.002	0.074	0.076	-0.079	0.002	0.090	-0.139*	-0.091	1					
(12) 官员信任×积极情绪感染	0.056	0.019	-0.174***	0.034	0.072	-0.019	0.147**	0.006	0.058	-0.070	0.027	1				
(13) 官员信任×消极情绪感染	-0.063	-0.045	0.051	0.030	0.067	0.002	0.036	0.019	-0.125	0.018	-0.060	0.062	1			
(14) 行政效益	0.156**	-0.165**	-0.062	0.183**	0.174**	0.289***	0.199***	0.062	0.023	0.142*	0.176***	0.130*	-0.177***	1		
(15) 经济效益	0.241***	-0.129*	-0.009	0.102	-0.008	0.421***	0.197***	-0.188***	0.038	-0.001	-0.056	-0.135*	-0.016	0.000	1	
(16) 社会效益	0.031	-0.142*	0.033	0.137*	0.148*	0.361***	-0.109	-0.117	0.090	0.067	-0.052	-0.010	-0.008	0.000	0.000	1

注：* 表示 $p<0.1$；** 表示 $p<0.05$；*** 表示 $p<0.001$。

四、实证结果与分析

为消除变量之间可能存在的多重共线性，我们将政治信任、情绪感染、执行绩效各主成分因子生成新变量，并以此作为基础数据，用于验证各假设的关系。

（一）政治信任与行政绩效的关系检验：考虑情绪感染的调节作用

为验证考虑情绪感染调节作用的政治信任与行政绩效关系假设，按照以下步骤进行层次回归分析：第一步，将性别、年龄、教育、职位等控制变量纳入模型，以控制混合因素的影响，得到了表6.3中的模型1；第二步，在第一步基础上，以政府信任、政策信任、官员信任作为自变量，以行政绩效作为因变量，得到了表6.3中的模型2；第三步，在第二步基础上，分别将积极情绪感染、消极情绪感染与政治信任各具体维度的交互项作为自变量加入模型，验证情绪感染对政治信任与行政绩效关系的调节作用，得到了表6.3中的模型3至模型8。

从表6.3中的模型2可以看出，在控制性别、年龄、教育、职位等变量的情况下，政府信任、政策信任、官员信任均对行政绩效表现出了显著的正向影响作用，验证了H1（a，b，c）。加入政府信任和积极情绪感染的乘积项后，不仅模型依然显著，而且政府信任和积极情绪感染乘积项的系数也均正向显著，验证了H4a；加入政府信任和消极情绪感染的乘积项后，模型依然显著，但政府信任和消极情绪感染乘积项的系数不显著，说明消极情绪感染对政府信任与政策执行行政绩效关系的调节作用并不显著，否定了H7a。

表 6.3　政治信任与行政绩效的关系检验：考虑情绪感染的调节作用

变量		模型 1	模型 2	模型 3	模型 4	模型 5	模型 6	模型 7	模型 8
					因变量为行政绩效				
控制变量	性别	0.108	0.039	0.040	0.039	0.051	0.043	0.035	0.022
	年龄	-0.104	-0.074	-0.089	-0.075	-0.075	-0.074	-0.078	-0.080
	教育	-0.077	-0.056	-0.053	-0.057	-0.034	-0.057	-0.041	-0.045
	职位	0.115	0.052	0.061	0.052	0.052	0.034	0.049	0.057
自变量	政府信任		0.154**	0.169**	0.159**	0.188**	0.141*	0.149*	0.168**
	政策信任		0.261***	0.288***	0.259***	0.228***	0.279***	0.264***	0.263***
	官员信任		0.177**	0.164**	0.175**	0.179**	0.178**	0.165**	0.186**
	政府信任×积极情绪感染			0.152**					
	政府信任×消极情绪感染				0.026				
	政策信任×积极情绪感染					0.139*			
	政策信任×消极情绪感染						0.182**		
	官员信任×积极情绪感染							0.090	
	官员信任×消极情绪感染								-0.197***
R^2		0.060	0.169	0.190	0.170	0.186	0.202	0.177	0.207
调整后的 R^2		0.036	0.131	0.148	0.126	0.143	0.160	0.134	0.166
F-value		2.502**	4.477***	4.495***	3.910***	4.367***	4.832***	4.108***	5.005***

注：常数项均省略；* 表示 $p<0.1$；** 表示 $p<0.05$；*** 表示 $p<0.001$。

针对这一结果，可能的解释是，政府信任、官员信任、消极情绪感染、政策执行行政绩效等变量间可能存在其他更复杂的作用机理。通过对比表6.3中模型3和模型4各变量回归系数、模型整体显著性可知，加入政治信任与消极情绪感染的乘积项后，政府信任、政策信任等变量回归系数及模型整体显著性均下降，而官员信任对政策执行行政绩效的影响系数不降反升。结合模型8中官员信任和消极情绪感染乘积项的显著性，政府信任、官员信任、消极情绪感染、政策执行行政绩效间可能存在其他更为深层的作用机理。当然，这一想法有待后续验证。

在模型1的基础上，分别加入政策信任和积极情绪感染的乘积项、政策信任和消极情绪感染的乘积项，得到模型5和模型6。查看模型5和模型6中乘积项系数的显著性可知，积极情绪感染对政策信任与行政绩效的关系起正向调节作用，验证了H4b；尽管消极情绪感染对政策信任与行政绩效的关系也发挥了调节作用，但是其乘积项系数为正，否定了原假设中的负向调节作用，否定了H7b。可能的解释是，消极情绪发挥了积极的调节作用，这点在Bono等（2007）、Tagar等（2011）的研究中也有所体现。研究表明，消极情绪能够带来建设性的政治态度，并对非暴力性政策进行支持，还可以解决群体冲突（Tagar et al.，2011）。

在模型1的基础上，分别加入官员信任和积极情绪感染的乘积项、官员信任和消极情绪感染的乘积项，得到模型7和模型8。从模型7中可以看出，官员信任和积极情绪感染的乘积项的系数不显著，否定了H4c；然而，模型8中官员信任和消极情绪感染乘积项的系数呈负向显著，说明消极情绪感染对官员信任与行政绩效的关系发挥了负向调节作用，验证了H7c。H4c未被证实，可能跟我国公民的腐败认知有关。随着我国民众政治觉悟的提升，公众对政府腐败行为嗤之以鼻，认知上零容忍，导致政策执行受众者对政府官员的信任程度较低（样本数据中的官员信任均值为3.998），难以形成较为积极或正面的情绪展示。

（二）政治信任与经济绩效的关系检验：考虑情绪感染的调节作用

为验证考虑情绪感染调节作用的政治信任与经济绩效关系假设，研究按照前述步骤进行层次回归分析：第一步，将性别、年龄、教育、职位等控制变量纳入模型，得到了表6.4中的模型9；第二步，在第一步的基础上，以政府信任、政策信任、官员信任作为自变量，以经济绩效为因变量，得到了表6.4中的模型10；第三步，在第二步的基础上，分别将积极情绪感染、消极情绪感染与政治信任各具体维度的交互项作为自变量加入模型，验证情绪感染对政治信任与经济绩效关系的调节作用，得到了表6.4中的模型11至模型16。

从表6.4中的模型10可以看出，在控制性别、年龄、教育、职位等变量的情况下，政策信任、官员信任均对经济绩效表现出了显著的正向影响作用，验证了H2b和H2c，但是政府信任对经济绩效的关系并不显著，否定了H2a。有趣的是，尽管政府信任对经济绩效的显著性关系未得到验证，但是政府信任对经济绩效的影响方向却为负向。可能的解释是：①我国公众持续走低的政府信任度（吴进近和刘炯言，2017），导致其无法发挥显著的经济促进作用。尽管与大多数西方国家和其他亚洲国家相比，中国公民对政府的信任程度处于较高水平，但是随着公众的批判性特征日益凸显，我国公众对政府机构的信任程度（无论是中央政府、地方政府还是其他机构）在过去10年内发生了明显下降（中央政府信任程度从2002年的3.91下降到2011年的3.5，地方政府信任程度从2002年的3.23下降到2011年的2.99）（游宇和王正绪，2014），可能导致其无法发挥显著的经济促进作用。②双方信息的不对称性会影响政府信任对经济的直接影响作用。由于政策受众者更多需要凭借各种媒介渠道间接获取政府信息，而各种媒介渠道（尤其是非官方媒介）传递给政策受众者的信息存在真实性、充分性问题。有学者指出，以互联网为代表的新媒介的普及及应用，会消极影响公众对中央和地方政府的信任（卢春天和权小娟，2015）。

表 6.4　政治信任与经济绩效的关系检验：考虑情绪感染的调节作用

变量		模型 9	模型 10	模型 11	模型 12	模型 13	模型 14	模型 15	模型 16
		因变量为经济绩效							
控制变量	性别	0.219***	0.126*	0.125*	0.126*	0.118	0.125*	0.133*	0.125*
	年龄	-0.070	-0.077	-0.065	-0.077	-0.077	-0.077	-0.070	-0.077
	教育	-0.021	-0.022	-0.024	-0.022	-0.037	-0.022	-0.049	-0.021
	职位	0.027	-0.073	-0.080	-0.073	-0.073	-0.071	-0.067	-0.072
自变量	政府信任		-0.021	-0.033	-0.022	-0.044	-0.020	-0.011	-0.020
	政策信任		0.406***	0.385***	0.406***	0.428***	0.404***	0.400***	0.406***
	官员信任		0.172*	0.183**	0.173*	0.171**	0.172**	0.196**	0.173**
	政府信任×积极情绪感染			-0.122*					
	政府信任×消极情绪感染				-0.007				
	政策信任×积极情绪感染					-0.095			
	政策信任×消极情绪感染						-0.018		
	官员信任×积极情绪感染							-0.168**	
	官员信任×消极情绪感染								-0.014
	R^2	0.065	0.238	0.252	0.238	0.246	0.238	0.264	0.238
	调整后的 R^2	0.041	0.203	0.212	0.198	0.206	0.198	0.226	0.198
	F-value	2.720*	6.868***	6.429***	5.972***	6.230***	5.981***	6.873***	5.976***

注：常数项均省略；*表示 $p<0.1$；**表示 $p<0.05$；***表示 $p<0.001$。

③政府信任的结构性失衡，即典型的"央强地弱"的差序信任格局，可能也是导致政府信任对政策执行经济绩效无法发挥显著直接影响作用的原因之一。薛立勇（2014）指出，经济绩效因素反而会影响政策受众者对中央与地方政府的差序政府信任水平。

在模型10的基础上，加入政府信任和积极情绪感染的乘积项后，尽管模型和乘积项的系数均显著，但是政府信任和积极情绪乘积项的系数为负，说明积极情绪感染对政府信任和经济绩效的关系起负向调节作用，否定了H5a；加入政府信任和消极情绪感染的乘积项后，模型依然显著，但政府信任和消极情绪感染乘积项的系数不显著，否定了H8a。

在模型10的基础上，分别加入政策信任和积极情绪感染的乘积项、政策信任和消极情绪感染的乘积项，得到模型13和模型14。查看模型13和模型14中乘积项系数的显著性可知，积极情绪感染、消极情绪感染对政策信任与经济绩效的关系均不发挥显著的调节作用，否定了H5b、H8b。

在模型10的基础上，分别加入官员信任和积极情绪感染的乘积项、官员信任和消极情绪感染的乘积项，得到模型15和模型16。从模型15中可以看出，尽管模型和乘积项的系数均显著，但是官员信任和积极情绪乘积项的系数为负，说明积极情绪感染对官员信任和经济绩效的关系起负向调节作用，否定了H5c；而模型16中官员信任和消极情绪感染乘积项的系数不显著，说明消极情绪感染对官员信任与行政绩效的关系并未发挥显著的调节作用，否定了H8c。

关于积极情绪感染对政策信任、官员信任与经济绩效关系所发挥的负向调节作用，可能的解释是，在涉及政策执行经济绩效时，政策受众者的积极情绪发生了显著的消极作用。当情绪接受者接收到政策受众者过于乐观的情绪展示时，并未表现出一味地模仿，而是基于个体自身的理性判断和经验感知做出了反向的传递作用，表现出了积极情绪感染对政策信任、官员信任与政策执行经济绩效关系的负向调节作用。关于积极情绪的消极作用，在Gruber（2011）、Elfenbein（2007）等研究中均有所涉及。

（三）政治信任与社会绩效的关系检验：考虑情绪感染的调节作用

为验证考虑情绪感染调节作用的政治信任与社会绩效关系假设，研究按照前述步骤进行层次回归分析：第一步，将性别、年龄、教育、职位等控制变量纳入模型，得到了表6.5中的模型17；第二步，在第一步的基础上，以政府信任、政策信任、官员信任作为自变量，以社会绩效为因变量，得到了表6.5中的模型18；第三步，在第二步的基础上，分别将积极情绪感染、消极情绪感染与政治信任各具体维度的交互项作为自变量加入模型，验证情绪感染对政治信任与社会绩效关系的调节作用，得到了表6.5中的模型19至模型24。

从表6.5中的模型18可以看出，在控制性别、年龄、教育、职位等变量的情况下，政府信任、政策信任均对社会绩效表现出了显著的正向影响作用，验证了H3a和H3b，但是官员信任对社会绩效的关系并不显著，否定了H3c。而且有趣的是，从模型18至模型24中官员信任的系数可知，尽管其对社会绩效并未表现出显著的影响作用，但其作用方向却均为负向。可能的解释是，过低的官员信任水平，可能还无法发挥其对社会绩效的显著影响作用。在本次样本中，被试者的官员信任均值为3.998，低于政府信任均值5.012和政策信任均值4.538。尤其是我国被曝光的腐败现象，不仅不利于政府执行公众赋予它的治理职能，而且还将大幅度降低政策受众者对政府官员的信任程度，对一国的经济与社会发展产生重大影响（杜晓燕等，2010）。

对比表6.5中的模型19至模型24乘积项的系数可知，情绪感染（不论是积极情绪感染，还是消极情绪感染）对政治信任（不论是政府信任、政策信任，还是官员信任）与社会绩效的关系均未表现出显著的调节作用，否定了H6（a，b，c）和H9（a，b，c）。可能的解释是：①情绪感染对政治信任各维度与社会绩效关系的调节作用方向可能不一致，导致整体效果不显著，

表 6.5 政治信任与社会绩效的关系检验：考虑情绪感染的调节作用

变量		模型 17	模型 18	模型 19	模型 20	模型 21	模型 22	模型 23	模型 24
控制变量	性别	-0.014	-0.062	-0.062	-0.061	-0.060	-0.063	-0.063	-0.064
	年龄	-0.102	-0.113	-0.112	-0.116	-0.113	-0.113	-0.114	-0.114
	教育	0.019	0.026	0.026	0.022	0.031	0.027	0.029	0.028
	职位	0.098	0.013	0.013	0.016	0.013	0.018	0.013	0.014
自变量	政府信任		0.136*	0.135*	0.155**	0.143*	0.139*	0.135*	0.138*
	政策信任		0.361***	0.359***	0.352***	0.354***	0.357***	0.361***	0.361***
	官员信任		-0.116	-0.115	-0.124	-0.116	-0.116	-0.118	-0.115
	政府信任×积极情绪感染			0.008					
	政府信任×消极情绪感染				-0.106				
	政策信任×积极情绪感染					0.027			
	政策信任×消极情绪感染						-0.042		
	官员信任×积极情绪感染							0.015	
	官员信任×消极情绪感染								-0.025
	R^2	0.028	0.180	0.180	0.191	0.180	0.182	0.180	0.180
	调整后的 R^2	0.003	0.143	0.137	0.148	0.138	0.139	0.137	0.138
	F-value	1.136	4.824***	4.195***	4.501***	4.212***	4.243***	4.200***	4.211***

因变量为社会绩效

注：常数项均省略；* 表示 $p<0.1$；** 表示 $p<0.05$；*** 表示 $p<0.001$。

这从表6.5中各模型变量系数的变化可略有感知。通过对比模型18至模型24中政府信任、政策信任变量的系数可知，当模型中加入了政治信任与情绪感染的交互项后，与基础模型18相比，政府信任对社会绩效的正向影响略有增长趋势，而政策信任对社会绩效的正向影响则略呈现出下降或平稳趋势。故而存在情绪感染对政治信任各维度与政策执行社会绩效关系的不同方向调节作用相互抵消的可能性。②政治信任、情绪感染和政策执行之间可能存在其他更为复杂的作用关系。杨柳和吴海铮（2016）研究发现，积极情绪和消极情绪对不同情境下消费者信任修复表现出了不同的影响作用；情感信息模型和连接语义网络模型也认为情绪会影响信任水平，即积极的情绪会提高信任水平，消极的情绪会降低信任水平（严瑜和吴霞，2016）。

五、结论与启示

（一）研究结论

为有效缓解政策执行梗阻问题，本书借助计划行为理论和情绪感染理论，探索性地从政策执行受众者的政治信任这一微观心理视角切入，系统性地提出考虑情绪感染调节作用的政治信任与政策执行关系假设，并基于162份有效样本数据对所提假设进行了验证，得到了如下结论：

1. 政治信任对政策执行绩效确实发挥了较为显著的正向影响作用

从整体上看，政府信任对政策执行的行政绩效和社会绩效表现出了显著的正向影响作用；政策信任对政策执行（不论是行政绩效、经济绩效，还是社会绩效）均表现出了显著的正向影响作用；官员信任对政策执行的行政绩效和经济绩效表现出了显著的正向影响作用。从政治信任维度视角上看，与政府信任、官员信任相比，政策信任对政策执行绩效表现出了最强有力的正向促进作用。通过对比表6.3、表6.4和表6.5中不同政治信任维度对政策执行绩效的作用系数可知，不论是作用于政策执行的行政绩效、经济绩效，还是社会绩效，与政府信任、官员信任相比，政策信任所表现出的正向影响作用都最显著、最稳定。从政策执行绩效维度视角上看，与行政绩效、社会绩效相比，政治信任对政策执行的经济绩效影响最为显著。通过对比表6.3、表6.4和表6.5中的R^2值可知，相比于行政绩效、社会绩效而言，当因变量为经济绩效时，模型的R^2值均处于0.238~0.264范围内，明显优于表6.3和表6.4中的R^2值范围。

2. 情绪感染对政治信任与政策执行关系发挥了部分显著的调节作用

积极情绪传染对政府信任与行政绩效、政策信任与行政绩效的关系发挥了显著的正向调节作用，对政府信任与经济绩效、官员信任与经济绩效的关系发挥了显著的负向调节作用；消极情绪感染对政策信任与行政绩效发挥了显著的正向调节作用，对官员与行政绩效的关系发挥了显著的负向调节作用。有趣的是，从模型3至模型7中政治信任各维度与情绪感染各维度乘积项的系数可知，情绪感染（不论是积极情绪感染，还是消极情绪感染）对政治信任与行政绩效的关系均表现了（显著或不显著的）正向调节作用；从模型11至模型16中政治信任各维度与情绪感染各维度乘积项的系数可知，情绪感染（不论是积极情绪感染，还是消极情绪感染）对政治信任与经济绩效的关系均表现了（显著或不显著的）负向调节作用；从模型19至模型24中政治信任各维度与情绪感染各维度乘积项的系数可知，情绪感染各维度对政治信任与社会绩效的关系均表现了与预设方向一致的、不显著的调节作用。当然，这些均有待后续进一步细化研究探讨。

（二）研究启示

1. 着力提高政策执行受众者的政治信任水平

研究结果表明，政治信任各维度对政策执行绩效均产生了不同程度的显著性正向影响作用。据此，相关政府部门应大力提升政策执行受众者的政治信任水平。具体而言，一方面，应通过各种传统和非传统媒介渠道，大力宣传有利于政策执行受众者的扶持性政策，继续强化政策信任水平对政策执行绩效的显著正向影响作用；另一方面，政府官员应廉洁自律、拒绝腐败，努力提升政策执行受众者的信任水平，进而激活其对政策执行绩效的显著正向影响作用。

2. 努力营造有利于政策执行受众者正面情绪展示的舆论环境

研究结果表明，情绪感染对政治信任与政策执行关系确实发挥了部分显著的调节作用。这说明政府部门应高度重视政策执行受众者的情绪对政策执行的影响作用，正确引导民众舆论观点，努力营造有利于政策执行受众者正面情绪展示的社会环境。由于情绪感染对政治信任与政策执行绩效不同维度关系发挥的调节作用具有显著性差异，因此相关政府部门应抓住重点，分别采取针对性强、执行力高的保障措施，切实加强民众正面情绪的引导作用。

六、本章小结

政策执行梗阻一直是我国政府研究的焦点及难点问题。研究从政策执行受众者的政治信任这一微观心理视角切入，系统性提出并实证验证了考虑情绪感染调节作用的政治信任与政策执行关系假设。结果显示：①政治信任对政策执行绩效确实发挥了较为显著的正向影响作用。其中，与政府信任、官员信任相比，政策信任对政策执行绩效表现出了最强有力的正向促进作用。与行政绩效、社会绩效相比，政治信任对政策执行的经济绩效影响最为显著。②情绪感染对政治信任与政策执行关系发挥了部分显著的调节作用。其中，情绪感染对政治信任与行政绩效关系发挥了部分显著的正向调节作用，对政治信任与经济绩效关系发挥了部分显著的负向调节作用，而对政治信任与社会绩效关系则未表现出显著的调节作用。

第七章 云南省中小企业扶持性政策执行网络提升对策

根据前文，云南省政府分别从财政政策、环境政策、采购政策、投融资政策、税收政策、商事政策等方面着手，发布实施了一系列的扶持性政策与意见，但这些中小企业扶持性政策的政治执行绩效成果一般。本章结合研究实证结果及云南省自身的特点，为云南省中小企业扶持性政策执行网络提升提出一些对策。

一、宏观层面

(一) 政府执行层面

1. 政策执行主体

结合 DEMATEL 分析结果，执行主体态度、执行主体是否多元化、执行主体能力强弱是政策执行结果的重要影响因素。根据 ISM 模型分析可知，执行主体态度隶属系统第一层次，直接影响政策执行结果；执行主体多元化及其能力强弱均属于系统第三层次，也对政策执行结果有较为直接的影响作用。据此可知，政策执行主体对政策执行结果发挥着较为重要的影响作用。

结合云南省具体情况，本书认为其在中小企业扶持性政策执行过程中可从以下方面进行强化：

（1）加强对执行主体的思想教育。在政策执行的过程中要积极开展政策执行主体的思想教育工作，引导并强化执行主体对国家政策、地方政策的认同感，及时沟通了解执行主体在扶持性政策的实施过程中遇到的问题，并给予适当肯定，以确保执行主体在政策执行过程中的积极态度。

（2）创建多元化的执行主体团队。中小企业扶持性政策牵扯多方利益，在政策实行过程中要避免政策主体结构的单一，平衡各方的利益，努力构建由政策制定者、政策执行主体、中小企业代表以及其他利益相关者组成的多元的政策执行队伍。

（3）开展专题政策文件学习会议。云南省在开展实施中小企业扶持性政策前，应优先开展政策文件学习会议，确保每一位执行主体能够准确地把握政策的宗旨与目的、目标对象、政策内容、实施条件，并能够准确清楚地向受众群体传达，以杜绝因执行主体个人知识积累和理解能力的高低而导致政策执行过程中的偏差。

总之，各级政府应严选德才兼备者担任执行人员，组建多元化政策执行主体队伍，提升执行主体的积极性，确保政策实施绩效。各级执行者应认同政策、抵住各类利益诱惑，保持自身先进性。

2. 政策执行制度

经模糊集理论模型分析可知，政策执行制度会对政策执行绩效产生重要影响，位于系统第三层次。在政策执行制度中监督制度与问责制度是否完善属于关键要素，对政策执行绩效有基础性的影响作用。完善的制度是政府各项政策执行和工作顺利开展的重要前提，应明确政策实施制度的流程细节，保证政府机制的稳定运行与政策执行的效率。否则，再好的政策最终只会沧海遗珠，同时也会让群众对政府失去信心。

云南省地处祖国边陲地区，民族种类众多，政治环境复杂。因此，政策的实施需要注意以下几个方面：

（1）完善政策执行制度。政策的实行要有计划、有目标、有步骤地实施，同时必须做好政策实施前的审查工作。为确保政策的贯彻实施，需要预先梳理云南省正在实行的相关政策，与其他政策内容相冲突的政策要提前做好取舍以及解释工作，与其他政策内容相近的可以进行融合。特别要注意，尊重少数民族风俗习惯，团结少数民族群众，防范境外势力侵入。

（2）执行问责制度。政府对中小企业的扶持性政策，牵扯到政策执行网络各方的利益，网络各方的关系错综复杂，为防止在政策执行过程中滥竽充数或贪权腐败等行为，需将政策执行责任划分到个人，制定清晰明确的问责制度。

（3）明确监督制度。仅仅依靠对执行主体的思想教育工作是无法完全保证政策公正、公开、公平地按照计划进度进行，需要建立严格的监督制度，监督政策执行人员是否合法、合规地执行政策以及监督检查各阶段的完成成果。

总之，云南省政府应平衡各方权利与义务，着手建立完善政策执行制度，尤其是监督制度与问责制度，细化政府工作流程，确保政策执行工作效率。

3. 政策执行资源

基于对执行网络关键要素识别量化的研究得出，资金完备度是系统中的关键要素，而人力资源和物质资源完备度属于重要因素，三者均隶属于系统第三层次，其中资金完备程度对政策执行有着重要的影响作用。信息资源的完备程度归属第二层次，对政策执行效率有较为直接的影响。因此，政策执行资源是政策执行绩效成果的重要保障。

云南省与缅甸、越南、老挝三国接壤，拥有"一带一路"发展的桥梁纽带的绝对区位优势，自然资源丰富，具有巨大的发展潜力。云南省各级政府一直积极响应国家的经济政策，但需要注意以下方面：

（1）重视中小企业，给予资金、物质扶持。就云南省已发布的财政扶持性政策，偏向于重点产业而对中小企业的扶持较少。资金短缺、税负沉重、市场准入壁垒和人才匮乏等是中小企业亟待解决的难题，而资金短缺问题尤其紧迫，要扶持中小企业，资金的作用不言而喻。巧妇难为无米之炊，没有资金的支撑，扶持中小企业便是一张空头支票。中小企业在总体经济中占有重要地位，应正视中小企业的作用，利用"一带一路"建设机会，有针对性地进行财政扶持和物资支持，促进和带动中小企业发展。

（2）引进人才与培育人才并举。人才资源和物质资源的不足使得政策执行困难、落实不到位、效率低下。2018年，据云南省教育局统计，本地高等教育的入学率不足50%，又因位于中国的西南地区的特殊地理位置，其他省份的人才在云南发展较少，与国内其他地区人才资源相比较为匮乏。需要在大力引进优秀人才的同时做好本地区人才的培养工作，为云南省的可持续发展做好充足准备。

总之，云南省政府应重视对中小企业的扶持，给予实际有效的财务和物资支持，做好长期规划，注重人才培育。在各项扶持政策实施时，资金、人力和物质资源都应落实到位，及时跟进政策执行进度，保证政策顺利实施。

4. 政策执行环境

地方法制是否健全是DEMATEL模型识别出来的关键要素，隶属系统的底层，其对政策执行成败起关键性作用。由模型分析可知，地方经济发展程度归属系统表层、辅助政策是否完善归属第三层、媒体宣传力度归属第四层，这三个因素均为政策执行的重要影响因素。各项政策的实施需落实到地方，而政策的制定者和执行者的分离易导致政策执行者出现选择性执行、歪曲性执行等行为，在建立健全地方法制的同时，需贯彻实施监督政策。地方经济的发展程度直接影响地方政府是否有足够的财力、物力保证政策执行以及政策执行的效率。全面进行政策宣传，确保人人知晓政策、人人了解政策。

由于云南特有的区域位置、产业结构模式、经济、教育和资源状况，在国家大的政策方针的指引下，需要结合自身特点转化为适合自身发展的相关政策。

（1）建立健全科学的地方法制。云南省已经实施"简政"，开通了"小微企业名录"等一系列帮扶中小企业的政策。中小企业本身规模小、技术低的特点，使得中小企业在一些政策面前处于劣势地位，如行业准入政策、税收政策或者一些政府项目招标等。政府应当促使政策更加科学化、全面化，不能所有企业一概而论。政策执行时，在指导执行主体正确理解和传播执行政策的基础上，及时获取受众群的反馈与评价，不断完善法制制度。

（2）引入第三方企业参与扶持。近年来，云南省居民人均可支配收入一直排名全国倒数，部分地方基础设施不完备、财力物力保障不足。仅依靠政府对中小企业扶持较为困难。可选择引入第三方社会企业共同合作，降低财政支出，互惠互利，保障政策实施，促进中小企业的发展，带动云南省经济增长。政府除在财力与物力上对企业进行帮扶外，在信息领域也可以对企业进行帮助。利用政府的优势地位，为中小企业提供所需补贴、贷款、科技等方面的信息，并为企业提供企业规划和法律帮扶等。

（3）加强政策宣传。虽然现在已是信息时代，获取信息较为容易，但仍有部分企业因未及时获取有效扶持政策的信息而导致失败。因此，政府要充分利用各类传统以及非传统的媒体平台，加强对政策宣传和执行主体的培训，做好政策的宣传和解释工作，确保政策宣传的普及率与理解正确率。在做宣传的同时，注意对政府以及政策进行积极正面的引导，增加群众对政府的信任与好感。

总之，各项政策的开展需要地方政府的严格把控，包括辅助政策的制定和执行，让社会可用力量都参与进来，只有充足的资金和完善的法制做保障及适度的政策宣传，才能保障政策实施的效度。

（二）政府监管层面

监督制度和问责制度是否完善是政策执行网络的关键影响要素，属于解释结构模型系统的第四层次，二者对政策执行效果有着深远且关键的影响。政府应完善政策执行制度、依法办事的流程，同时强化监督制度和问责制度，实施层层负责制，落实责任到个人，确保政策执行成效。云南省政府在实施监督管理时可以从内部自我监督、平台部门监督和外部监督三个方面着手。

1. 内部自我监督

首先，要求执行主体定期进行自我工作审查和撰写工作报告，从自我工作审查和工作报告中，执行者便可以发现工作的不足。其次，执行团队成员之间相互监督，上级通过对执行主体的观察以及工作报告的审查而进行监督。最后，部门之间就政策开研讨会议，讨论政策实施中遇到的问题以及进度情况。

2. 平台部门监督

邀请其他部门如检察机关、审计部门、专业咨询机构等开展专项的审查工作。检查周期可以是定期的也可以是不定期的。主要内容是对政策实施工作进行抽查检验，查出是否有违规违法行为、是否进度不足、是否质量合格，并对政策实施进行工作评价与建议。

3. 外部监督

外部监督的评价者可以是受众群也可以是媒体记者，可由新闻媒体在互联网平台或其他媒体平台对政策情况报道，也可由政府自行在官方平台对政策实施的信息发布。开放留言，让群众对该政策以及政策实施的效果进行自由评价，从而获取政策实施的真实反馈。正在实施的政策要留有有效监督的官方电话、邮箱等联系方式，认真接收处理群众对该政策的意见与建议。

在对政策执行以及政策执行者的监管制度中设置明确的奖惩制度，对于监管的结果严格按照奖惩制度执行，从而确保政策执行的绩效。

二、中观层面

（一）金融机构视角

1. 提高服务意愿，降低服务门槛

银行融资的服务意愿和门槛高低位于系统层次结构的第二层，直接影响政策执行结果。中小企业在活跃市场经济、增加就业机会、增加国民收入等方面发挥举足轻重的作用。近年来，政府对中小企业越来越重视，对其扶持力度不断加大，针对性出台了一系列规章制度，使得中小企业越来越规范化。相关数据统计，中小企业在国民经济中所占比例较重、数量庞大，若银行能在一定条件下将其转化为优质的客户资源，银行的业务必将步入一个新的台阶。为中小企业定制专业化的服务，降低服务门槛，是现阶段银行等金融机构在金融脱媒化趋势下的必然选择。

云南省正在全面实施中小企业培育工程，全省已有众多中小企业升级为省级优质企业。虽然云南省的中小型企业相对其他省份起步晚、水平低、实力弱，但在政府各项政策的帮助下，中小企业的水平大幅度提高、产业结构进一步优化、发展潜力增强。在处理金融机构与中小企业之间的关系时需要做到以下两点：

（1）政府与金融机构共担风险。政府在要求金融机构加大对中小企业服务时，要与金融机构一起分担风险。政府可以给予一些政策支持，也可以适当补贴或者通过构建平台等方式，减少金融机构面对中小企业的压力。中小企业的数量大、利润可观，会增加金融机构存贷款量，一旦风险降低，金融机构就会主动提高服务意愿、降低对中小企业的服务门槛。金融机构吸纳中小企业还可以多元化业务范围，增加市场份额。

（2）完善自身贷款融资制度。除政府共同分担风险外，金融机构需要完善自身的贷款融资制度。由于中小企业信用状况堪忧、财务状况不明，金融机构针对中小企业做好不同于大企业的风险评估，细化以及完善风险评估制度。针对不同类型的中小企业需要制定多种贷款融资方案，特别是对国家鼓励的科技型创新企业应给予一定的支持。

2. 完善信贷担保体系

在模糊集理论模型中，信贷担保体系的完善程度隶属系统层次结构的第二层，属于政策执行的重要影响因素，能直接影响政策执行情况。云南省不但发布实施了针对中小企业的相关意见，而且专门开设了中小企业担保协会。

但现有的担保体系仍不成熟，担保运行时会有许多漏洞，变相增加了金融机构与政府的风险。

因此，应完善中小企业财务披露制度，完善中小企业征信体系，加强政策性担保机构建设、规范商业担保机构和互助式担保机构发展。逐步实现由以政策性担保机构为主导的担保模式，向以互助式担保和商业担保机构为主导的担保模式过渡。此外，可引入保险公司、再担保公司等第四方组织参与担保过程，以降低风险。

（二）其他组织视角

1. 民间融资机构

民间融资体系的完善程度、民间融资的服务意愿和门槛高低分别位于系统层次结构的第二、第三层，对政策执行网络影响虽小但直接。民间融资凭借手续简便、灵活、针对性强的特点，服务效率更高，发挥着不可替代的作用。在市场的作用下，民间融资机构必然存在，其能与金融机构相互补充、相互配合。

云南省现有的社会闲散资金可观，但民间融资机构起步晚，制度不完善。近年来发生的集资以及融资机构破产等恶性事件使民众对民间融资机构产生顾虑。政府在打击非法融资行为时，应积极引导民间融资机构规范发展，提高群众融资知识普及程度，树立融资机构典范。融资机构自身应严格遵守法律，在服务的同时努力完善自身的融资制度，降低经营风险，为中小企业带来持续稳定的资金。

2. 科研院所

全国各科研机构为中小企业的发展做了大量的研究工作，仅"中小企业政策"方面的文献就有千篇之多。定位到"云南省中小企业"的专项研究文献也在千篇以上，但文献成果最终落到实处的却很少见。第一，政府应主动充当媒介，构建平台，将科研机构与中小企业联系起来，使科研成果能送到真正需要的企业手中。第二，科研院所应紧跟当下社会发展形势，针对中小企业发展面临的迫切问题，充分挖掘有效信息，收集相关数据，并进行系统处理，通过理论知识和数学工具的运用，得出科学的研究结果，为政府解决中小企业发展难题提供新的思路和解决途径。第三，中小企业不应故步自封，应主动寻找和学习新知识，走科学的发展道路。

3. 服务机构

云南省已有多家中小企业服务协会、中小企业创新服务平台等服务机构，目标是通过整合社会资源，推进中小企业的发展。主要从多方面全方位地为中小企业服务，如技术、管理咨询、投融资、人才引进和培训等。但由于云南省各类服务机构与平台起步较晚，还需要进一步深化服务机构，扩大宣传、完善服务制度、提高服务质量，为更多中小企业提供更优质的服务，指导他们早日发展壮大。

三、微观层面

（一）企业视角

在中小企业扶持性政策影响因素的研究中，企业政治信任隶属系统层次结构的第二层，属于关键要素。研究加入调节变量情绪传染，对其进行更深一步的研究。结果显示政治信任对政策执行具有正向的影响，且情绪感染发挥着部分显著调节作用。属于模型第二层的还有企业的信用状况，企业文化开放程度则位于模型第四层，间接影响政策执行结果。在微观视角下，政治信用状况与企业文化开放度均归于对政策实施影响较大的指标。

作为政策受益者，中小企业应积极谋取发展之道，而非坐等被扶持。在扶持性政策执行过程中，中小企业应发挥自身积极性，促成政策顺利实施。

1. 强化企业政治信任度

企业政治信任对政策执行网络的影响机制受到情绪传染的调节。企业自身应相信政府、信任政策，应积极营造良好的工作氛围，保持员工积极情绪，强化政治信任对政策执行效率的影响机制。准确解读政策，积极宣传政策，提高员工政策认同度和政治信任水平，保障政策执行。

2. 合法办企，信誉第一

企业应严格按照规章制度办事，树立良好的社会形象；努力建立健全的财务制度，清晰、合法、完整地反映企业运营状况；增加对科技方面的投入，走科学可持续发展道路，提高企业自身的发展潜能；在与相关企业或机构接触过程中，重视企业信誉，提高自身信用水平，提高金融机构服务意愿。

3. 着力构建开放性的企业文化

企业应秉承兼容的心态，积极学习先进的管理技巧和工作方式，积极响应政府的扶持性政策，充分利用国家给予的一切扶助政策，努力提高自身竞争力。

（二）管理层视角

基于机构模型结果，企业家信息获取能力强弱会是政策执行效果的直接影响因素，属于结构模型表层。企业家的机会识别能力和执行能力则归于模型第二层，对政策执行效率有较为直接的影响。企业家掌握一个企业的发展方向和前途，是企业的带头人，不仅影响企业的发展，而且直接影响政府扶持性政策的实施效果。一个优秀的企业家，应注意以下方面：

1. 增强自身信息获取及机会识别能力

对于政府扶持信息，企业家应尽早获取，抓住机遇，正确地理解扶持政策的内涵，积极利用扶持政策为企业减免税负，获取发展资金和契机。企业家平时也应不断学习，只有自身能力提升，才有信息获取和识别能力，才能促使企业早日实现转型升级，增强发展潜力，向大中型企业跃进。

2. 拓宽经营思维

当企业需要融资时，企业家应拓宽思路，避免单一的银行贷款融资意愿，多找一些真实可靠的代替渠道。在企业发展方面，企业家应持续关注最新科研成果，用科学引领企业，拓展企业发展道路。

（三）员工层视角

员工的认同感和员工的执行意愿隶属于结构模型的表层，直接影响政策的效果。企业各项工作的开展都要落实到员工，员工作为企业的一员，有义务也有责任为企业的发展做出贡献。在扶持性政策实施中，员工应端正自己的认知，提高自身的政治信任水平，充分理解并认同扶持性政策，积极参与政策措施。只有每个人都积极参与政策实践，做出自己的贡献，才能降低企业生产成本，拓展企业融资渠道，稳定企业持续性发展，保障政策实施效用。

四、本章小结

本章结合关键要素识别结果和实证分析结果，从宏观、中观和微观三个视角，给出中小企业扶持性政策执行网络提升的分层应对策略。结合云南省自身的经济、教育、区位和发展等状况分别为政府、金融机构和中小企业提供相应的具体可实施建议。在政府方面，需要加强政策执行主体思想和学习教育、多元化政策执行主体团队，完善执行制度、加强监督和问责制度，提前准备所需的人力、物流和资金等资源，完善地方法治政策、引入第三方合作、加强宣传。在金融机构方面，正规金融机构需提高服务意愿，降低服务门槛，完善担保体系；民间金融机构、科研院所和服务机构应在完善自身体制的同时加强中小企业的联系。中小企业本身注重自我的提升，包括文化开放、企业信用、机会识别能力等，特别注重加强对政治的信任。

　　只有扶持性政策顺利开展，才能缓解金融机构压力，解决中小企业发展的现实阻碍。只有提升政策执行效率，才能实现中小企业可持续发展，激发经济发展活力，促进社会共同进步。

第八章　结论与展望

一、结论

本书对中小企业扶持性政策执行网络命题进行了系统探讨，在对该命题研究现状进行系统梳理的基础上，对现有政策执行效率进行了量化评价。针对中小企业扶持性政策相关制度较多，但政策实施效果不佳的现状，构建了影响因素体系，采用基于模糊集理论的 DEMATEL 和 ISM 集成分析模型，对其影响因素体系进行系统剖析，识别出关键要素并划分出系统层次结构图。继而在此基础上，采用实证研究方法检验关键要素政治信任对政策执行效率的作用机制，并考察情绪感染的调节效应。最终，根据得出的实证分析结果结合云南省的实际情况，提出了一些提升政策实施绩效对策。

(一) 政策网络涉及的三大主体均会对企业扶持性政策执行产生影响，其中政府对扶持性政策起主导作用

通过对中小企业扶持性政策执行影响要素建立网络体系，使用 DEMATEL 分析可知，企业政治信任、资金的完备度、监督制度、问责制度和地方法制是否健全均为影响政策执行效率的关键因素。而除信息资源的完

备度外，执行主体是否多元化、执行态度是否坚决、执行能力强弱、执行制度是否完善等均属于政府方面的因素，均对政策执行效率有重要影响。且由ISM分析可知制度方面的因素包括监督制度、问责制度及执行制度是否完善、地方法制是否健全都在系统中处于较深层位置，虽难以直接影响政策执行效率，但都有着深远影响，关乎政策的长远效益。

从实际政策运行角度来看，政策的执行者来源于政府，政策的运行需要政府给予的制度支持、资源支撑、环境支助。政府是合作者，与金融机构一起共担风险，与社会第三方机构共同发展。政府是中间人，加强金融机构与中小企业、社会其他组织与中小企业之间的联系。政府是领航者，引导金融机构、社会其他组织以及中小企业沿着科学可持续的道路前进。政府还是监督者，监督着政策执行中的一切事和人。但其金融机构和中小企业在扶持性政策执行中的作用也不容忽视。金融机构需完善融资体制、降低服务门槛，为更多的中小企业服务，中小企业作为政策的受益者，更需提高自身的发展水平，积极与其他主体配合，贯彻政策实施，促进经济繁荣。

（二）政治信任状况是中小企业扶持性政策执行网络的关键影响要素

由关键要素网络图分析可知，中小企业政治信任程度属于关键要素，且能强烈作用于其他因素，也极易受其他因素影响。从微观角度来看，由于中小企业是扶持性政策受众，政策执行的效果很大程度受其政治信任状况的影响。政治信任状况关乎其对扶持性政策是否认同和是否坚决执行。若政治信任水平低，中小企业便会忽视政府发布的任何扶持性政策，不会执行或者敷衍性执行，即便扶持性政策再有效，也难以帮助中小企业发展，难以获取政策执行的效果。

因此，在对政治信任和政策执行绩效进行了更加深入的研究后，将政治信任具体划分为政府信任、政策信任和官员信任三个方面，政策执行绩效则细化为政策执行的行政绩效、经济绩效和社会绩效。通过对其关系的假设和一系列的实证论证最终得出，政治信任正向影响政策执行绩效。具体地说，政府信任、官员信任与政策信任均对政策执行产生正向的促进，其中政策信任表现最显著。政治信任对行政绩效、社会绩效、经济绩效都有推进的作用，对经济绩效的作用最突出。

（三）情绪感染对政治信任与中小企业扶持性政策执行网络起调节作用

实证结果验证了中小企业的政治信任与政策执行效率有正向的影响机制，为进一步理清中小企业的政治信任程度与执行效率之间的复杂关系，我们加入了调节变量——情绪感染。本书将情绪感染划分为积极情绪感染和消极情绪感染两部分，分别对其关系提出了一系列的假设（即积极情绪对政治信任与政策执行绩效的各部分起到正向调节作用，而消极情绪则产生负向调节作用）。通过实证数据分析最终得到的结果是，政治信任与政策执行关系中情绪感染起到了部分显著调节的效用。具体而言，积极情绪对政府信任、政策信任与行政绩效之间产生正向的作用，而对政府信任、官员信任与经济绩效之间产生负向的作用。消极情绪对政策信任与行政绩效产生正向作用，对官员信任与行政绩效则产生负向作用。

二、展望

本书尝试采用网络分析法对影响要素体系中政府、中小企业和其他社会组织三方面多层次多个指标进行了网络构建，避免了单一思路进行多方位的辨析。引入控制变量情绪感染，深入研究了政治信任对政策执行绩效的作用机理。这些探讨对中小企业扶持性政策实施具有一定的借鉴作用。但由于中小企业所处环境的复杂性、政策方面的敏感度等，使得研究存在许多不足，在今后的研究中将会进一步地完善和丰富。

（一） 样本的代表性与广泛性

由于数据收集的困难，本书实证研究选取的样本数据主要来自云南省中小企业反馈的问卷数据。虽然数据信效度都较高，但是仅仅采用中小企业单方面的问卷数据进行实证检验可能会导致结果的不足和偏差。在验证政治信任与政策执行之间的关系时，由于政治信息、政策执行等数据不易获得，只能采用问卷调查法。虽前期发放了大规模的调查问卷，但实际回收有效问卷不足 200 份。此有效样本量相对较少，亦有可能产生结果偏差。

（二） 对策的独特性与普适性

首先，书中给出的实际对策是结合云南省的发展现状而提出的。由于云南省经济发展状况相比全国其他省份较落后，这些实际对策在其他地区实用度不一定契合。在之后的研究中，将会选取差异较大的其他省份，检验对策的普适性。其次，中小企业行业类型较多，发展问题不一。本书只选取大多数中小企业面临的影响因素，不能覆盖所有企业。因此，后期将会针对某一特定行业的中小企业进行研究，以获得更为全面的结论。

（三） 变量之间的关系

为了重点探讨政治信任与政策执行绩效关系机理，使模型更加简洁明了，作者预先假定了各潜在变量与各要素之间的关系，随后利用问卷调查法收集数据，对数据进行处理来验证假设。后期将借鉴其他经济学分析方法，如FANP、DEMATEL、模糊网络分析法等，对政治信任和政策执行绩效之间存在的其他关系或其他途径进行更深一步的讨论。

参考文献

［1］姜丽丽.经济新常态下我国中小企业税收优惠政策研究［J］.税务与经济，2015，37（6）：85-89.

［2］徐志明，高珊，曹明霞.利益博弈与民营经济政策执行困境——基于江苏省1087家企业的实证分析［J］.江海学刊，2013，56（1）：95-100.

［3］韩亚欣，何敏，李华民.大银行何以为中小企业融资？——基于某大银行支行的案例分析［J］.金融论坛，2016，21（1）：72-80.

［4］丁煌，梁满艳.地方政府公共政策执行力测评指标设计——基于地方政府合法性的视角［J］.江苏行政学院学报，2014，14（4）：99-106.

［5］Beca M，Cozmei C. Overshadowing the Turmoil Trends：The Swinging Pendulum of SME's Tax Policies［J］. Procedia - Social and Behavioral Sciences，2014（109）：688-692.

［6］Abor J. Debt Policy and Performance of SMEs［J］. Journal of Risk Finance，2013，8（4）：364-379.

［7］龙静，黄勋敬，余志杨.政府支持行为对中小企业创新绩效的影响——服务性中介机构的作用［J］.科学学研究，2012，30（5）：782-792.

［8］Novero S. Impact Analysis of Public Policies Supporting SMEs' Technological Innovation：An Italian Case［J］. International Journal of Technology Policy & Management，2011，11（1）：34-56.

［9］陆岷峰.关于提升中小企业扶持性政策有效性的研究——基于中小企业实行名单制管理的必要性与路径的分析［J］.天津市财贸管理干部学院

学报，2012，14（3）：5-11.

[10] 于东平，段万春．区域软环境、企业家能力与中小企业绩效 [J]．科研管理，2012，33（12）：68-77.

[11] 刘庆飞．中小企业资金支持政策深化的多维探索 [J]．经济与管理，2013，27（8）：37-42.

[12] Kirby D. Government and Policy for SMEs in the UK [J]. Environment & Planning C Government & Policy，2004，22（6）：775-777.

[13] Li X，Ren Y. Government Fiscal Policy toward SMEs in China [C]. Second International Conference on Communication Systems，Networks and Applications. IEEE，2010：158-160.

[14] 刘畅．中小企业财税支持政策的范式转变 [J]．社会科学，2013，34（8）：60-69.

[15] 贾国军，谭毅．促进我国中小企业发展的税收扶持政策 [J]．经济研究参考，2013，35（46）：36-38.

[16] 刘育红．财政视角下优化中小企业信用担保体系研究 [J]．西安财经学院学报，2013，26（5）：65-69.

[17] 张维，张旭东．满足以担保为主各参与方利益的中小企业融资新模式 [J]．财经理论与实践，2013，34（1）：2-6.

[18] 李森，刘媛华．供应链金融视角的中小企业信贷问题研究——基于层次分析法的对比分析 [J]．科技与经济，2013，26（5）：61-65.

[19] 肖萍．互联网金融与中小企业融资困境的化解途径 [J]．河南师范大学学报（哲学社会科学版），2015，56（4）：77-80.

[20] 蒋瑛，蒙山．基于风险控制的中小企业集群融资模式分析 [J]．上海行政学院学报，2015，16（2）：88-95.

[21] 张杰．促进我国民间融资规范发展的制度创新研究 [J]．经济纵横，2013，29（4）：37-42.

[22] 龙著华．民间借贷风险的法律规制 [J]．南京社会科学，2014，25

（11）：81-88.

［23］Hurmerinta - Peltomaki L, Nummela N. Market Orientation for the Public Sector Providing Expert Services for SMEs［J］. International Small Business Journal, 1998, 16（2）：69-83.

［24］韩国明, 吕世高, 刘壮. 论我国中小企业社会化服务体系治理的主体多元化——基于治理理论合作网络途径的研究视角［J］. 科技管理研究, 2009, 29（5）：144-146.

［25］付鲜凤, 梅强. 基于 DEA 的我国中小企业公共服务平台效率分析［J］. 科技管理研究, 2012, 32（22）：66-69.

［26］宋东升. 河北省中小企业公共技术服务平台建设与发展的路径［J］. 河北学刊, 2012, 32（6）：229-233.

［27］常林朝. 中小企业技术创新研究［J］. 中国软科学, 2000, 15（9）：102-106.

［28］张会荣, 张玉明. 技术创新、股权结构与中小企业成长［J］. 山东社会科学, 2014, 28（2）：114-119.

［29］冯小俊. 论促进中小企业技术创新的财税政策［J］. 科技管理研究, 2010, 30（11）：54-56.

［30］李增福. 中小企业技术创新的金融支持研究［J］. 科学管理研究, 2007, 25（6）：73-76.

［31］陈喜乐, 杨洋. 我国科技政策执行力研究综述［J］. 未来与发展, 2012, 33（2）：2-6.

［32］周国雄. 论公共政策执行力［J］. 探索与争鸣, 2007, 23（6）：34-37.

［33］莫勇波. 政府执行能力与政府执行力的逻辑关系分析［J］. 领导科学, 2009, 25（11）：19-21.

［34］莫勇波, 张定安. 制度执行力：概念辨析及构建要素［J］. 中国行政管理, 2011, 27（11）：15-19.

[35] 韩津.政策执行力研究综述 [J].河北工业科技，2012，29（5）：343-346.

[36] 吴钦春.中小企业融资难成因与解决途径之争——依靠有形之手还是无形之手 [J].金融理论与实践，2013，31（2）：70-73.

[37] 嵇伟强.对中小民营企业融资问题的探讨 [J].财经问题研究，2014，36（S1）：121-124.

[38] 肖念涛，谢赤.中小企业财政支持政策实施中三方动态博弈模型分析 [J].财政研究，2014，35（1）：29-32.

[39] 刘雪明，廖东岚.基于平衡计分卡的地方政府政策执行力评价体系构建研究 [J].社会科学，2013，34（9）：4-13.

[40] 易剑东，袁春梅.中国体育产业政策执行效力评价——基于模糊综合评价方法的分析 [J].北京体育大学学报，2013，55（12）：6-10，29.

[41] 胡继连，李平英，李敏.财政支农政策的农民评价：以山东省为例 [J].农业经济问题，2014，35（9）：47-54.

[42] 肖潇，汪涛.国家自主创新示范区大学生创业政策评价研究 [J].科学学研究，2015，33（10）：1511-1519.

[43] 辛冲冲，唐洪松，邵乐.新疆农机购置补贴政策执行效率评价——基于 DEA-Malmquist 模型 [J].新疆财经，2017，36（1）：50-59.

[44] 周雪光，练宏.政府内部上下级部门间谈判的一个分析模型——以环境政策实施为例 [J].中国社会科学，2011，32（5）：80-96.

[45] Tummers L, Steijn B, Bekkers V. Explaining the Willingness of Public Professionals to Implement Public Polocies: Content, Context, and Performality Characteristics [J]. Public Administration, 2012, 90（3）：716-736.

[46] 宋雄伟.政策执行"梗阻"问题与作为治理的协商民主——一个诊断框架 [J].中国软科学，2016，31（12）：70-81.

[47] Cardon G, Bourdeaudhuij I D, Clercq D D. Knowledge and Perceptions about Back Education among Elementary School Students, Teachers, and Parents in

Belgium [J]. Journal of School Health, 2002, 72 (3): 100-106.

[48] Krutwaysho O, Bramwell B. Tourism Policy Implementation and Society [J]. Annals of Tourism Research, 2010, 37 (3): 670-691.

[49] 薛立强, 杨书文. 论政策执行的"断裂带"及其作用机制——以"节能家电补贴推广政策"为例 [J]. 公共管理学报, 2016, 13 (1): 55-64.

[50] 钟兴菊. 地方性知识与政策执行成效环境政策地方实践的双重话语分析 [J]. 公共管理学报, 2017, 15 (1): 38-48.

[51] Callon M, Courtial J P, Turner W. Les Actions Concertees Chimie Macromoleculaire [M]. Paris: Socio-logique Dune Agence Detraduction, Ecole Nationale Superieure des Mines, 1979.

[52] 陶元磊, 李强, 李莹. 中国大学治理研究现状与趋势展望——基于共词分析法 [J]. 统计与信息论坛, 2015, 30 (10): 100-110.

[53] Ritzhaupt A D, Stewart M, Smith P, et al. An Investigation of Distance Education in North American Research Literature Using Co-word Analysis [J]. The International Review of Research in Open and Distance Learning, 2010, 11 (1): 37-60.

[54] 夏仕平, 柯美录. 国内外扶持科技型中小企业创新发展的财政政策体系比较研究 [J]. 经济研究参考, 2014, 36 (70): 34-35.

[55] 李文启. 互联网金融破解中小企业融资困境研究 [J]. 中州学刊, 2014 (8): 51-52.

[56] 章以金, 宗乾进, 袁勤俭. 国际管理信息系统研究热点及趋势 [J]. 情报杂志, 2013, 32 (4): 81-82.

[57] 吴俊. SPSS 统计分析从零开始学 [M]. 北京: 清华大学出版社, 2014.

[58] 叶平浩. 国内高等职业教育研究热点与前沿的可视化分析 [J]. 中国高教研究, 2012 (9): 95-99.

[59] 刘军. 整体网络分析 UCINET 软件使用指南（第二版）[M]. 上

海：格致出版社，2014.

[60] 史伟民．我国中小企业扶持政策研究［D］．哈尔滨工程大学，2009.

[61] 王燕．我国中小企业发展政策研究［D］．河北农业大学，2010.

[62] 卢望平，饶文英．浅析我国现有中小企业财政政策体系的缺陷及出路［J］．企业家天地，2009（10）：76.

[63] 陈立芳．我国中小企业融资困境分析［D］．山东大学，2008.

[64] 俞建国．中国中小企业融资［M］．北京：中国计划出版社，2002：230-236.

[65] 施珊娜．泉州市中小企业扶持政策执行研究［D］．华侨大学，2019.

[66] 朱庄瑞，吕萍．中国城市土地节约集约利用政策有效性区域差异研究——基于全国 105 个城市地价监测点调查问卷的分析和建议［J］．中国人口·资源与环境，2015，25（12）：129-137.

[67] 宗晓丽．政策执行网络研究述评［J］．合作经济与科技，2017，33（9）：187-188.

[68] 宋雄伟．政策执行网络：一种研究政策执行问题的理论探索［J］．国家行政学院学报，2014，16（3）：66-70.

[69] 陈卉．我国公共政策执行研究［D］．西南财经大学，2007.

[70] 余敏江，梁莹．协商民主与政策执行网络［J］．理论探讨，2006，30（2）：75-79.

[71] 谭英俊．走向一种有效的公共政策执行模式——基于政策网络理论的启示［J］．内蒙古社会科学（汉文版），2008，29（4）：7-11.

[72] 周世亮，曹映来．政策执行网络：一种政策执行的新视角［J］．湖北社会科学，2007，21（7）：32-34.

[73] 杨国川．德国政府扶持中小企业发展的举措及启示［J］．区域经济，2008，24（3）：61-64.

[74] 杨雅玲．美国政府扶持中小企业成功经验的启示［J］．亚太经济，

2002, 18 (22): 77-79.

[75] Graham, T. Allison 等. 决策的本质: 还原古巴导弹危机的真相 (第2版) [M]. 王伟光等译. 北京: 商务印书馆, 2015.

[76] 薛立强, 杨书文. 论政策执行的 "断裂带" 及其作用机制——以 "节能家电补贴推广政策" 为例 [J]. 公共管理学报, 2016, 13 (1): 55-64.

[77] 侯麟科, 陶郁, 刘明兴. 基层政策执行差异的成因与影响: 2005年信访改革基层成效研究 [J]. 公共管理评论, 2016, 13 (1): 22-41.

[78] 包群, 邵敏, 杨大利. 环境管制抑制了污染排放吗? [J]. 经济研究, 2013, 59 (12): 42-54.

[79] 曾保根. 基本公共服务问责机制创新的四维构想 [J]. 中州学刊, 2013, 35 (5): 10-14.

[80] 毛劲歌, 周莹. 信息失真对公共政策执行的影响及其对策分析 [J]. 中国行政管理, 2011, 26 (6): 68-71.

[81] 刘少华, 张赛萍. 中小企业转型升级中地方政府监管对策研究 [J]. 求索, 2012, 32 (5): 31-33.

[82] 邝艳华, 叶林, 张俊. 政策议程与媒体议程关系研究——基于1982~2006年农业政策和媒体报道的实证分析 [J]. 公共管理学报, 2015, 13 (4): 154-155.

[83] 韩亚欣, 何敏, 李华民. 大银行何以为中小企业融资? ——基于某大银行支行的案例分析 [J]. 金融论坛, 2016, 21 (1): 72-80.

[84] 郭娜. 政府? 市场? 谁更有效——中小企业融资难解决机制有效性研究 [J]. 金融研究, 2013, 56 (3): 194-205.

[85] Roman A, Rusu V D. Constraints on Bank Lending to Smes from Romania and Supportive Measures. Euroeconomica, 2011, 5 (30): 21-38.

[86] 龙著华. 民间借贷风险的法律规制 [J]. 南京社会科学, 2014, 25 (11): 81-88.

[87] Kurtz T, Stevens H. Innovation in Supervision System of Rural Nongov-

ernmental Financial Institutions ［J］. Finance & Economics, 2007, 5 (3): 935-950.

［88］万芊, 刘力. 地区金融环境与中小企业融资行为——基于苏州、无锡中小企业调查问卷的研究 ［J］. 金融论坛, 2010, 15 (10): 73-80.

［89］黄再胜. 企业员工战略共识及其影响因素的实证研究 ［J］. 南开管理评论, 2011, 14 (4): 32-41.

［90］Ozgen E. Entrepreneurial Opportunity Recognition: Information Flow, Social and Cognitive Perspectives ［M］. New York: Rensselaer Polytechnic Institute, 2003.

［91］宁子昂. 中央与地方双层金融监管体制的形成及完善 ［J］. 经济纵横, 2018, 34 (5): 123-128.

［92］Zolfani S H, Ghadikolaei A S. Performance Evaluation of Private Universities Based on Balanced Scorecard: Empirical Study Based on Iran ［J］. Journal of Business Economics & Management, 2013, 14 (14): 696-714.

［93］Lin C J, Wu W W. A Causal Analytical Method for Group Decision-making under Fuzzy Environment ［J］. Expert Systems with Applications, 2008, 34 (1): 205-213.

［94］史丽萍, 杜泽文. 基于 DEMATEL-ISM 的企业应急能力结构研究 ［J］. 科技管理研究, 2013, 33 (5): 227-230.

［95］Opricovic S, Tzeng G H. Compromise Solution by MCDM Methods: A Comparative Analysis of VIKOR and TOPSIS ［J］. European Journal of Operational Research, 2004, 156 (2): 445-455.

［96］彭濛萌. 基于 SIM 方法的旅游攻略网站对游客自助出游意愿影研究 ［D］. 湘潭大学, 2015.

［97］吴少微, 杨忠. 中国情境下的政策执行问题研究 ［J］. 管理世界, 2017, 33 (2): 85-96.

［98］殷华方, 潘镇, 鲁明泓. 中央—地方政府关系和政策执行力: 以

外资产业政策为例 [J]. 管理世界, 2007, 22 (7): 22-36.

[99] 冉冉. 道德激励、纪律惩戒与地方环境政策的执行困境 [J]. 经济社会体制比较, 2015, 31 (2): 153-164.

[100] 谢炜, 蒋云根. 中国公共政策执行过程中地方政府间的利益博弈 [J]. 浙江社会科学, 2007, 23 (5): 52-58.

[101] 韩宏伟. 超越"塔西佗陷阱": 政府公信力的困境与救赎 [J]. 湖北社会科学, 2015, 29 (7): 29-34.

[102] 张成福, 边晓慧. 重建政府信任 [J]. 中国行政管理, 2013, 29 (9): 7-14.

[103] Fishbein M, Ajzen I. Belief, Attitude, Intention, and Behavior: An Introduction to Theory and Research Reading [M]. MA: Addison-Wesley, 1975.

[104] 张书维, 许志国, 徐岩. 社会公正与政治信任: 民众对政府的合作行为机制 [J]. 心理科学进展, 2014, 22 (41): 588-595.

[105] 张婍, 王二平. 社会困境下政治信任对公众态度和合作行为的影响 [J]. 心理科学进展, 2010, 18 (10): 1620-1627.

[106] Fukuyama F. Trust: The Social Virtues and the Creation of Prosperity [M]. New York: Free Press, 1995.

[107] 乔志程, 黄薇, 吴非. 政治信任能否促进经济增长? ——基于 1995~2014 年跨国数据的实证研究 [J]. 世界经济与政治论坛, 2018, 38 (3): 92-107.

[108] 梅立润, 陶建武. 中国政治信任实证研究: 全景回顾与未来展望 [J]. 社会主义研究, 2018, 41 (3): 162-172.

[109] 王潇, 李文忠, 杜建刚. 情绪感染理论研究述评 [J]. 心理科学进展, 2010, 18 (8): 1236-1245.

[110] Reimert I, Bolhuis J E, Kemp B, et al. Indicators of Positive and Negative Emotions and Emotional Contagion in Pigs [J]. Physiology & Behavior, 2013, 1 (1): 42-50.

［111］ Caballero G, Álvarezdíaz M. The Procyclicality of Political Trust in Spain ［J］. Panoeconomicus, 2018, 65 （1）: 21-36.

［112］ Turper S, Aarts K. Political Trust and Sophistication: Taking Measurement Seriously ［J］. Social Indicators Research, 2017, 130 （1）: 415-435.

［113］ Hetherington M J. The Political Relevance of Political Trust ［J］. American Political Science Review, 1998, 92 （4）: 791-808.

［114］ Blind P K. Building Trust in Government in the Twenty-first Century: Review of Literature and Emerging Issues ［C］. 7th Global Forum on Reinventing Government Building Trust in Government, 2007: 26-29.

［115］ 肖唐镖, 王欣. 中国农民政治信任的变迁——对五省份60个村的跟踪研究 （1999~2008）［J］. 管理世界, 2010, 26 （9）: 88-94.

［116］ Wang Z X. Political Trust in China: Forms and Causes ［J］. Legitimacy: Ambiguities of Political Success or Failure in East and Southeast Asia, 2005, 113-139.

［117］ ［美］戴维·伊斯顿. 政治生活的系统分析 ［M］. 王浦劬译, 北京: 华夏出版社, 1999.

［118］ 段文婷, 江光荣. 计划行为理论述评 ［J］. 心理科学进展, 2008, 16 （2）: 315-320.

［119］ 郑栋. 信任对地方政府公务员推动公众参与意愿的影响——基于计划行为理论的探索性研究 ［J］. 青海社会科学, 2018, 39 （5）: 93-102.

［120］ Wu L, Chen J L. An Extension of Trust and TAM Model with TPB in the Initial Adoption of On-line Tax: An Empirical Study ［J］. International Journal of Human-Computer Studies, 2005, 62 （6）: 784-808.

［121］ Marien S, Hooghe M. Does Political Trust Matter? An Empirical Investigation into the Relation between Political Trust and Support for Law Compliance ［J］. European Journal of Political Research, 2011, 50 （2）: 267-291.

［122］ Wroe A, Allen N, Birch S. The Role of Political Trust in Conditioning

Perceptions of Corruption ［J］. European Political Science Review, 2013, 5 (2): 175-195.

［123］Seyed B. How Do Citizens Evaluate Public Officials? The Role of Performance and Expectations on Political Trust ［J］. Political Studies, 2015, 63 (51): 73-90.

［124］Stevenson B, Wolfers J. Trust in Public Institutions over the Business Cycle ［J］. American Economic Review: Papers and Proceedings, 2011, 101 (3): 281-287.

［125］Hatfielde C. Emotional Contagion ［M］. Cambridge: Cambridge University Press, 1994.

［126］Van Kleef G A. How Emotions Regulate Social Life: The Emotions as Social Information (EASI) ModeL ［J］. Current Directions in Psychological Science, 2009, 18 (3): 184-188.

［127］Van Kleef G A, Anastasopoulou C, Nijstas B A. Can Expressions of Anger Enhance Creativity? A Test of the Emotions as Social Information (EASI) Model ［J］. Journal of Experimental Social Psychology, 2010, 46 (6): 1042-1048.

［128］汤超颖, 艾树, 龚增良. 积极情绪的社会功能及其对团队创造力的影响——隐性知识共享的中介作用 ［J］. 南开管理评论, 2011, 14 (4): 129-137.

［129］Winkielman P, Knutson B, Paulus M, Trujillo J L. Affective Influence on Judgments and Decisions: Moving towards Core Mechanism ［J］. Review of General Psychology, 2007, 11 (2): 179-192.

［130］Rhee S Y. Group Emotions and Group Outcomes: The Role of Group—Member Interactions ［J］. Research on Managing Groups and Teams: Affect and Groups, 2007 (10): 65-95.

［131］黄宏斌, 翟淑萍, 陈静楠. 企业生命周期、融资方式与融资约束——基于投资者情绪调节效应的研究 ［J］. 金融研究, 2016, 59 (7):

96-112.

[132] Rozin P, Royzman E B. Negativity Bias, Negativity Dominance, and Contagion [J]. Personality and Social Psychology Review, 2001, 5 (4): 296-320.

[133] Spoor J R. Mood Convergence in Dyads: Effects of Valence and Leadership [J]. Social Influence, 2009, 4 (4): 282-297.

[134] Baumeister R F, Bratslavsky E, Finkenauer C, et al. Bad Is Stronger than Good [J]. Review of General Psychology, 2001, 5 (4): 477-509.

[135] Glomb T M, Bhave D P, Miner A G, et al. Doing Good, Feeling Good: Examining the Role of Organizational Citizenship Behaviors in Changing Mood. Personnel Psychology [J]. Personnel Psychology, 2011, 64 (1): 191-223.

[136] Lui S S, Ngo H Y. The Role of Trust and Contractual Safeguards on Cooperation in Non-equity Alliances [J]. Journal of Management, 2004, 30 (4): 471-485.

[137] Levin D Z, Cross R. The Strength of Weak Ties You Can Trust: The Mediating Role of Trust in Effective Knowledge Transfer [J]. Management Science, 2004, 50 (11): 1477-1490.

[138] Belkin L Y. Emotional Contagion in the Electronic Communication Context: Conceptualizing the Dynamics and Implications of Electronic Encounters [J]. Journal of Organizational Culture, 2009, 13 (2): 111-130.

[139] Kimura M, Daibo I, Yogo M. The Study of Emotional Contagion from the Perspective of Interpersonal Relationships [J]. Social Behavior & Personality an International Journal, 2008, 36 (1): 27-42.

[140] Hampson E, Van Anders S M, Mullin L I. A Female Advantage in the Recognition of Emotional Facial Expressions: Test of an Evolutionary Hypothesis [J]. Evolution and Human Behavior, 2006, 27 (6): 401-416.

[141] Schoon I, Cheng H, Gale C R, et al. Social Status, Cognitive

Ability, and Educational Attainment as Predictors of Liberal Social Attitudes and Political Trust [J]. Intelligence, 2010, 38 (1): 144-150.

[142] Bovens M, Wille A. The Education Gap in Participation and its Political Consequences [J]. Acta Politica, 2010, 45 (4): 393-422.

[143] Serek J, Macek P. Antecedents of Political Trust in Adolescence: Cognitive Abilities and Perceptions of Parents [J]. Journal of Applied Developmental Psychology, 2014, 35 (4): 284-293.

[144] Bono J E, Foldes H J, Vinson G, et al. Work Place Emotions: The Role of Supervision and Leadership [J]. Journal of Applied Psychology, 2007, 92 (5): 1357-1367.

[145] Tagar M R, Federico C M, Halperin E. The Positive Effect of Negative Emotions in Protracted Conflict: The Case of Anger [J]. Journal of Experimental Social Psychology, 2011, 47 (1): 157-164.

[146] 吴进近, 刘炯言. 腐败与政治信任——基于中国省级政府的多层次分析 [J]. 公共管理评论, 2017, 14 (3): 92-108.

[147] 游宇, 王正绪. 互动与修正的政治信任——关于当代中国政治信任来源的中观理论 [J]. 经济社会体制比较, 2014, 30 (2): 178-193.

[148] 卢春天, 权小娟. 媒介使用对政府信任的影响——基于 CGSS 2010 数据的实证研究 [J]. 国际新闻界, 2015 (5): 66-80.

[149] 薛立勇. 政府信任的层级差别及其原因解析 [J]. 南京社会科学, 2014, 25 (12): 57-64.

[150] Gruber J. Can Feeling Too Good Be Bad? Positive Emotion Persistence (PEP) in Bipolar Disorder [J]. Current Directions in Psychological Science, 2011, 20 (4): 217-221.

[151] Elfenbein H A. Emotion in Organizations: A Review and Theoretical Integration [J]. The Academy of Management Annals, 2007, 1 (1): 315-386.

[152] 杜晓燕, 李玉华, 叶明. 新兴市场经济国家腐败对经济影响研

究：基于 1995-2008 年实证分析 [J]. 当代经济科学，2010，32（2）：78-82.

[153] 杨柳，吴海铮. 积极情绪影响网络购物消费者信任修复的线索效应研究 [J]. 当代财经，2016，37（6）：65-75.

[154] 严瑜，吴霞. 从信任违背到信任修复：道德情绪的作用机制 [J]. 心理科学进展，2016，24（4）：633-642.

附　录

附录 A　关系判定表

请各位专家根据表 A1，对中小企业扶持性政策执行效率各个影响因素之间的关系进行判定，即将 0~4 填写到表 A2 中。其中，0 代表没有影响；1 代表影响很小；2 代表影响不大；3 代表影响较大；4 代表影响很大。第 i 行数值代表 i 行所指代因素对其他各个因素的影响，第 j 列数值代表其他各个因素对 j 所指代因素的影响。

表 A1　中小企业扶持性政策执行效率影响要素体系

一级指标	二级指标	三级指标	代码
政府层面	执行主体	是否多元化	Ga1
		执行态度是否坚决	Ga2
		执行能力强弱	Ga3
	执行制度	执行制度是否完善	Gb1
		监督制度是否完善	Gb2
		问责制度是否完善	Gb3

一级指标	二级指标	三级指标	代码
政府层面	执行资源	人力资源完备度	Gc1
		物质资源完备度	Gc2
		资金完备度	Gc3
		信息资源完备度	Gc4
	执行环境	辅助政策是否完善	Gd1
		地方经济发展程度	Gd2
		地方法制是否健全	Gd3
		媒体宣传力度	Gd4
金融机构层面	正规金融机构	银行融资服务意愿	Sa1
		银行融资门槛高低	Sa2
		信贷担保体系完善程度	Sa3
	民间融资机构	民间融资服务意愿	Sb1
		民间融资门槛高低	Sb2
		民间融资体系完善程度	Sb3
中小企业层面	企业	企业文化开放程度	Ea1
		企业信用状况	Ea2
		企业政治信任状况	Ea3
		员工认同度	Ea4
		员工执行意愿	Ea5
	企业家能力	企业家信息获取能力	Eb1
		企业家机会识别能力	Eb2
		企业家执行能力	Eb3

A2 影响因素之间相互关系的判定

A_{ij}	Ga1	Ga2	Ga3	Gb1	Gb2	Gb3	Gc1	Gc2	Gc3	Gc4	Gd1	Gd2	Gd3	Gd4
Ga1														
Ga2														
Ga3														
Gb1														
Gb2														

A_{ij}	Ga1	Ga2	Ga3	Gb1	Gb2	Gb3	Gc1	Gc2	Gc3	Gc4	Gd1	Gd2	Gd3	Gd4
Gb3														
Gc1														
Gc2														
Gc3														
Gc4														
Gd1														
Gd2														
Gd3														
Gd4														
Sa1														
Sa2														
Sa3														
Sb1														
Sb2														
Sb3														
Ea1														
Ea2														
Ea3														
Ea4														
Ea5														
Eb1														
Eb2														
Eb3														

A_{ij}	Sa1	Sa2	Sa3	Sb1	Sb2	Sb3	Ea1	Ea2	Ea3	Ea4	Ea5	Eb1	Eb2	Eb3
Ga1														
Ga2														
Ga3														
Gb1														
Gb2														
Gb3														
Gc1														

续表

A_{ij}	Sa1	Sa2	Sa3	Sb1	Sb2	Sb3	Ea1	Ea2	Ea3	Ea4	Ea5	Eb1	Eb2	Eb3
Gc2														
Gc3														
Gc4														
Gd1														
Gd2														
Gd3														
Gd4														
Sa1														
Sa2														
Sa3														
Sb1														
Sb2														
Sb3														
Ea1														
Ea2														
Ea3														
Ea4														
Ea5														
Eb1														
Eb2														
Eb3														

附录 B　直接影响矩阵

W_{ij}	Ga1	Ga2	Ga3	Gb1	Gb2	Gb3	Gc1	Gc2	Gc3	Gc4	Gd1	Gd2	Gd3	Gd4
Ga1	0.122	1.093	1.165	0.847	0.961	0.923	1.165	1.139	1.177	1.138	1.058	0.788	0.863	0.652

W_{ij}	Ga1	Ga2	Ga3	Gb1	Gb2	Gb3	Gc1	Gc2	Gc3	Gc4	Gd1	Gd2	Gd3	Gd4
Ga2	0.535	0.122	0.863	0.923	0.923	0.923	0.999	0.961	0.999	0.982	0.716	0.327	0.535	0.849
Ga3	0.825	1.064	0.122	0.847	0.923	0.885	1.213	1.253	1.071	1.215	0.606	1.088	0.812	0.849
Gb1	1.362	1.039	0.937	0.122	0.854	0.782	1.253	1.253	1.071	1.213	1.094	0.887	0.607	0.892
Gb2	1.215	1.289	1.177	1.058	0.122	1.058	1.215	0.937	0.937	0.937	1.253	0.849	0.849	1.124
Gb3	1.215	1.093	1.176	1.093	1.056	0.122	1.177	1.177	1.153	1.222	0.973	1.049	1.049	1.101
Gc1	1.165	1.177	1.362	1.086	1.124	1.124	0.122	1.177	1.153	1.021	1.064	0.923	0.847	1.086
Gc2	0.570	1.177	0.961	1.049	1.049	1.049	1.086	0.122	1.200	1.132	0.847	1.351	0.849	0.607
Gc3	0.937	1.215	0.900	1.086	1.124	1.124	1.165	1.165	0.122	1.165	1.101	1.275	0.570	1.038
Gc4	0.606	1.124	0.887	0.294	0.294	0.294	0.607	0.607	0.607	0.122	1.036	1.036	0.811	1.350
Gd1	0.654	0.746	0.825	1.200	1.200	1.200	0.582	0.582	0.582	0.625	0.122	1.101	1.087	0.885
Gd2	0.849	0.937	1.124	0.924	0.924	0.924	0.818	1.094	1.094	0.982	0.900	0.122	1.094	0.744
Gd3	1.289	1.177	0.900	1.006	1.006	1.006	0.825	0.825	0.825	0.839	1.021	0.854	0.122	0.863
Gd4	0.863	1.215	0.849	1.200	1.200	1.200	0.654	0.654	0.654	0.782	0.937	0.849	0.885	0.122
Sa1	0.570	1.086	0.606	0.812	0.812	0.535	0.535	0.900	0.854	0.535	0.887	1.094	0.572	0.535
Sa2	0.327	1.162	0.606	0.572	0.535	0.535	0.570	0.863	0.854	0.578	0.923	1.200	0.535	0.607
Sa3	0.570	1.064	0.885	0.849	0.570	0.570	0.606	0.618	0.937	0.606	0.923	1.165	0.607	0.570
Sb1	0.294	0.811	0.570	0.775	0.775	0.294	0.327	0.825	0.975	0.578	0.812	1.021	0.607	0.327
Sb2	0.294	0.570	0.570	0.535	0.294	0.294	0.294	0.582	0.782	0.606	0.849	1.058	0.570	0.327
Sb3	0.294	0.811	0.570	0.775	0.294	0.294	0.294	0.618	0.937	0.606	0.812	1.021	0.607	0.570
Ea1	0.535	0.887	0.849	1.050	0.535	0.535	0.849	0.849	0.849	0.891	1.050	1.200	0.572	1.162
Ea2	0.294	1.125	0.294	0.570	0.327	0.327	0.570	0.570	0.570	0.599	0.775	1.086	0.811	0.294
Ea3	0.973	1.039	0.973	0.940	1.006	1.006	1.006	0.973	1.006	0.976	1.006	1.039	0.940	0.854
Ea4	0.294	1.162	0.327	0.294	0.294	0.294	0.360	0.360	0.360	0.334	0.294	0.885	0.570	0.294
Ea5	0.923	1.215	0.847	0.294	0.294	0.294	0.885	0.360	0.360	0.320	0.570	1.124	0.535	0.294
Eb1	0.847	0.923	0.885	0.294	0.294	0.294	0.360	0.360	0.360	1.163	0.327	1.177	0.294	0.570
Eb2	0.570	0.887	0.887	0.775	0.294	0.294	0.360	0.360	0.360	0.606	0.570	1.289	0.327	0.327
Eb3	0.923	1.313	1.276	0.294	0.294	0.294	1.064	0.300	0.300	0.300	0.360	1.325	0.294	0.294
W_{ij}	Sa1	Sa2	Sa3	Sb1	Sb2	Sb3	Ea1	Ea2	Ea3	Ea4	Ea5	Eb1	Eb2	Eb3
Ga1	1.110	0.863	0.825	0.847	0.847	0.847	0.535	1.012	0.973	1.213	1.251	0.923	0.961	0.961
Ga2	0.854	0.975	0.900	0.900	0.863	0.546	0.775	0.535	0.940	1.253	1.094	0.606	0.847	0.847
Ga3	0.945	0.937	0.582	0.863	0.863	0.300	0.535	0.535	1.130	1.325	0.973	0.887	0.887	0.887

续表

W_{ij}	Sa1	Sa2	Sa3	Sb1	Sb2	Sb3	Ea1	Ea2	Ea3	Ea4	Ea5	Eb1	Eb2	Eb3
Gb1	0.989	0.975	0.923	0.900	0.900	0.642	0.535	0.535	0.940	1.251	1.130	0.642	0.606	0.885
Gb2	1.192	1.139	0.642	0.863	0.863	0.606	0.570	1.163	1.094	0.975	0.854	0.849	0.849	0.644
Gb3	1.192	1.139	0.606	0.788	0.788	0.570	0.535	1.087	1.094	0.975	0.973	0.607	0.887	0.924
Gc1	0.589	0.582	0.546	0.300	0.300	0.327	0.570	0.570	1.165	1.251	1.056	0.924	0.887	0.887
Gc2	1.147	1.139	0.582	1.139	1.139	0.642	0.327	1.049	1.094	1.213	1.213	0.849	0.849	0.607
Gc3	0.989	0.937	0.937	0.937	0.900	0.679	0.849	0.849	1.128	1.251	1.251	0.849	0.887	0.924
Gc4	0.367	0.360	0.811	0.360	0.360	0.811	0.812	1.087	0.746	0.782	0.746	1.125	1.087	0.849
Gd1	0.825	0.975	0.746	0.961	0.900	0.679	0.603	0.327	1.130	1.253	1.130	0.887	0.644	0.887
Gd2	0.854	0.854	1.215	0.854	0.854	1.253	0.847	0.818	1.251	0.818	0.854	0.885	0.606	0.849
Gd3	1.269	1.215	1.012	1.177	1.177	0.975	1.118	1.165	0.973	1.251	1.093	0.923	0.923	0.570
Gd4	0.989	0.818	0.642	0.923	0.923	0.642	0.639	0.885	1.238	0.818	0.818	0.923	0.923	0.885
Sa1	0.122	1.039	0.975	1.177	0.973	1.162	0.567	0.999	0.782	1.177	1.058	0.570	0.570	0.607
Sa2	1.133	0.122	1.130	1.006	1.006	0.642	0.567	0.961	1.094	1.213	1.093	0.535	0.849	0.924
Sa3	1.048	1.093	0.122	1.288	1.200	1.200	0.597	1.200	1.130	1.213	1.213	0.570	1.162	1.238
Sb1	1.124	1.139	1.087	0.122	1.039	1.101	0.567	0.849	0.582	0.923	0.999	0.570	0.570	0.607
Sb2	1.133	1.162	1.124	1.036	0.122	1.139	0.632	0.923	0.582	0.923	0.961	0.327	0.327	0.849
Sb3	0.615	0.885	1.087	1.056	1.128	0.122	0.905	1.012	0.900	0.642	0.679	0.294	0.607	0.887
Ea1	1.139	1.124	0.570	1.124	1.124	0.570	0.122	0.746	0.642	1.200	0.885	1.087	1.087	0.887
Ea2	1.039	1.006	0.999	1.039	0.973	0.999	1.156	0.122	0.885	1.275	1.275	0.775	0.535	0.572
Ea3	1.009	1.006	0.973	1.130	1.058	1.094	1.032	1.094	0.500	0.878	0.878	0.973	1.006	0.782
Ea4	0.863	0.582	0.642	0.863	0.582	0.679	0.676	0.961	1.310	0.122	1.362	0.294	0.327	0.582
Ea5	0.914	0.863	0.642	0.825	0.825	0.606	0.357	0.606	0.863	1.289	0.122	0.327	0.327	1.238
Eb1	0.625	0.582	0.606	0.618	0.582	0.606	0.961	0.642	0.788	0.500	0.746	0.122	1.340	0.984
Eb2	0.625	0.546	0.606	0.618	0.546	0.642	1.230	0.679	1.101	0.818	0.782	1.313	0.122	1.139
Eb3	1.253	1.215	0.679	1.253	1.215	0.679	0.575	0.716	0.863	1.056	1.056	0.885	0.849	0.122

附录 C　综合影响矩阵

T_{ij}	Ga1	Ga2	Ga3	Gb1	Gb2	Gb3	Gc1	Gc2	Gc3	Gc4	Gd1	Gd2	Gd3	Gd4
Ga1	0.106	0.184	0.159	0.138	0.132	0.126	0.147	0.149	0.153	0.151	0.152	0.171	0.127	0.120
Ga2	0.106	0.131	0.132	0.126	0.117	0.113	0.127	0.128	0.132	0.130	0.125	0.136	0.102	0.113
Ga3	0.123	0.173	0.117	0.131	0.125	0.119	0.142	0.146	0.143	0.146	0.130	0.172	0.119	0.121
Gb1	0.144	0.177	0.148	0.111	0.126	0.119	0.147	0.149	0.147	0.150	0.150	0.170	0.115	0.125
Gb2	0.144	0.191	0.160	0.147	0.106	0.133	0.150	0.144	0.147	0.146	0.161	0.174	0.128	0.137
Gb3	0.146	0.189	0.163	0.151	0.140	0.103	0.152	0.155	0.157	0.158	0.154	0.184	0.137	0.139
Gc1	0.137	0.179	0.160	0.141	0.134	0.129	0.108	0.145	0.147	0.142	0.146	0.167	0.122	0.130
Gc2	0.120	0.185	0.151	0.144	0.134	0.129	0.143	0.115	0.154	0.150	0.145	0.188	0.126	0.118
Gc3	0.138	0.194	0.156	0.152	0.142	0.137	0.152	0.155	0.124	0.157	0.159	0.193	0.122	0.137
Gc4	0.097	0.149	0.121	0.094	0.086	0.083	0.102	0.104	0.106	0.090	0.123	0.145	0.101	0.119
Gd1	0.114	0.157	0.135	0.139	0.130	0.125	0.117	0.119	0.122	0.122	0.109	0.166	0.124	0.117
Gd2	0.128	0.175	0.155	0.139	0.129	0.124	0.133	0.145	0.149	0.143	0.145	0.146	0.132	0.121
Gd3	0.148	0.192	0.154	0.148	0.137	0.132	0.140	0.143	0.147	0.145	0.156	0.179	0.106	0.130
Gd4	0.124	0.177	0.140	0.143	0.133	0.129	0.123	0.125	0.128	0.131	0.140	0.162	0.120	0.095
Sa1	0.103	0.159	0.120	0.119	0.111	0.097	0.108	0.123	0.125	0.112	0.128	0.158	0.101	0.099
Sa2	0.095	0.162	0.120	0.111	0.102	0.097	0.109	0.121	0.124	0.113	0.129	0.162	0.100	0.101
Sa3	0.113	0.172	0.140	0.130	0.111	0.107	0.120	0.124	0.137	0.124	0.139	0.174	0.111	0.109
Sb1	0.087	0.140	0.110	0.110	0.102	0.083	0.093	0.113	0.120	0.105	0.117	0.146	0.095	0.086
Sb2	0.081	0.124	0.104	0.096	0.081	0.077	0.086	0.098	0.108	0.099	0.112	0.139	0.089	0.080
Sb3	0.084	0.135	0.107	0.107	0.083	0.080	0.089	0.102	0.116	0.103	0.114	0.142	0.092	0.091
Ea1	0.110	0.163	0.137	0.135	0.109	0.104	0.126	0.129	0.132	0.132	0.141	0.172	0.108	0.127
Ea2	0.088	0.152	0.103	0.105	0.088	0.084	0.102	0.105	0.108	0.107	0.117	0.150	0.103	0.086
Ea3	0.138	0.187	0.157	0.146	0.138	0.132	0.146	0.148	0.153	0.150	0.156	0.185	0.133	0.131
Ea4	0.071	0.128	0.083	0.077	0.070	0.067	0.078	0.079	0.082	0.079	0.081	0.118	0.079	0.069
Ea5	0.100	0.142	0.111	0.085	0.079	0.075	0.104	0.089	0.091	0.088	0.099	0.137	0.085	0.076

续表

T_{ij}	Ga1	Ga2	Ga3	Gb1	Gb2	Gb3	Gc1	Gc2	Gc3	Gc4	Gd1	Gd2	Gd3	Gd4
Eb1	0.096	0.130	0.111	0.084	0.076	0.073	0.085	0.087	0.089	0.115	0.090	0.137	0.076	0.085
Eb2	0.091	0.133	0.114	0.103	0.080	0.076	0.089	0.090	0.093	0.100	0.101	0.146	0.080	0.080
Eb3	0.110	0.159	0.136	0.096	0.088	0.084	0.120	0.098	0.101	0.098	0.104	0.158	0.087	0.086

T_{ij}	Sa1	Sa2	Sa3	Sb1	Sb2	Sb3	Ea1	Ea2	Ea3	Ea4	Ea5	Eb1	Eb2	Eb3
Ga1	0.170	0.159	0.144	0.158	0.152	0.137	0.118	0.153	0.172	0.190	0.185	0.136	0.142	0.151
Ga2	0.144	0.145	0.130	0.142	0.136	0.112	0.111	0.121	0.152	0.170	0.160	0.111	0.123	0.131
Ga3	0.157	0.153	0.128	0.150	0.145	0.112	0.111	0.130	0.169	0.184	0.166	0.128	0.133	0.141
Gb1	0.162	0.158	0.143	0.155	0.150	0.127	0.114	0.133	0.167	0.186	0.176	0.123	0.126	0.145
Gb2	0.175	0.170	0.139	0.160	0.154	0.130	0.120	0.159	0.178	0.184	0.173	0.135	0.139	0.142
Gb3	0.178	0.173	0.141	0.160	0.155	0.132	0.121	0.160	0.181	0.187	0.180	0.129	0.143	0.154
Gc1	0.146	0.143	0.128	0.132	0.128	0.113	0.113	0.132	0.172	0.183	0.171	0.131	0.134	0.143
Gc2	0.171	0.167	0.136	0.166	0.161	0.130	0.110	0.153	0.175	0.188	0.182	0.132	0.137	0.138
Gc3	0.173	0.167	0.153	0.166	0.160	0.137	0.132	0.153	0.184	0.197	0.191	0.138	0.144	0.156
Gc4	0.114	0.111	0.115	0.111	0.107	0.110	0.104	0.126	0.132	0.139	0.133	0.118	0.120	0.120
Gd1	0.148	0.150	0.130	0.148	0.142	0.121	0.109	0.118	0.163	0.175	0.165	0.123	0.120	0.136
Gd2	0.159	0.156	0.154	0.156	0.151	0.148	0.126	0.144	0.178	0.173	0.168	0.132	0.128	0.145
Gd3	0.182	0.176	0.155	0.174	0.169	0.146	0.141	0.163	0.177	0.197	0.185	0.140	0.145	0.143
Gd4	0.157	0.149	0.130	0.151	0.146	0.123	0.114	0.140	0.170	0.166	0.160	0.128	0.133	0.140
Sa1	0.116	0.145	0.131	0.149	0.138	0.131	0.103	0.134	0.143	0.164	0.155	0.106	0.110	0.120
Sa2	0.150	0.114	0.136	0.143	0.139	0.114	0.103	0.132	0.154	0.166	0.157	0.105	0.120	0.131
Sa3	0.160	0.158	0.114	0.164	0.157	0.143	0.114	0.151	0.167	0.179	0.174	0.116	0.140	0.152
Sb1	0.141	0.139	0.127	0.105	0.131	0.122	0.096	0.121	0.127	0.146	0.144	0.099	0.103	0.112
Sb2	0.134	0.133	0.122	0.128	0.094	0.117	0.092	0.116	0.119	0.138	0.135	0.085	0.089	0.114
Sb3	0.120	0.127	0.124	0.132	0.131	0.086	0.104	0.122	0.133	0.132	0.129	0.087	0.101	0.118
Ea1	0.159	0.156	0.126	0.155	0.150	0.119	0.095	0.133	0.148	0.175	0.159	0.132	0.136	0.138
Ea2	0.139	0.136	0.126	0.137	0.131	0.120	0.117	0.098	0.138	0.159	0.154	0.107	0.103	0.113
Ea3	0.173	0.169	0.154	0.172	0.165	0.150	0.138	0.161	0.161	0.184	0.178	0.142	0.148	0.150
Ea4	0.111	0.100	0.093	0.109	0.096	0.090	0.084	0.105	0.128	0.095	0.132	0.073	0.077	0.092
Ea5	0.123	0.119	0.103	0.118	0.114	0.096	0.081	0.102	0.125	0.146	0.103	0.083	0.086	0.123
Eb1	0.111	0.107	0.099	0.108	0.104	0.094	0.100	0.102	0.120	0.117	0.121	0.076	0.119	0.114
Eb2	0.115	0.111	0.103	0.113	0.107	0.099	0.112	0.107	0.135	0.132	0.127	0.118	0.082	0.123
Eb3	0.147	0.143	0.116	0.144	0.139	0.110	0.098	0.118	0.139	0.153	0.148	0.112	0.114	0.098

附录 D   可达矩阵

H_{ij}	Ga1	Ga2	Ga3	Gb1	Gb2	Gb3	Gc1	Gc2	Gc3	Gc4	Gd1	Gd2	Gd3	Gd4
Ga1	1	1	1	1	1	0	1	1	1	1	1	1	0	0
Ga2	0	1	1	0	0	0	0	0	1	0	0	1	0	0
Ga3	0	1	1	1	0	0	1	1	1	1	1	1	0	0
Gb1	1	1	1	1	0	0	1	1	1	1	1	1	0	0
Gb2	1	1	1	1	1	1	1	1	1	1	1	1	0	1
Gb3	1	1	1	1	1	1	1	1	1	1	1	1	1	1
Gc1	1	1	1	1	1	0	1	1	1	1	1	1	0	1
Gc2	0	1	1	1	1	0	1	1	1	1	1	1	0	0
Gc3	1	1	1	1	1	1	1	1	1	1	1	1	0	1
Gc4	0	1	0	0	0	0	0	0	0	1	0	1	0	0
Gd1	0	1	1	1	0	0	0	0	0	0	1	1	0	0
Gd2	0	1	1	1	0	0	1	1	1	1	1	1	1	0
Gd3	1	1	1	1	1	1	1	1	1	1	1	1	1	1
Gd4	0	1	1	1	1	0	0	0	0	1	1	1	0	1
Sa1	0	1	0	0	0	0	0	0	0	0	0	1	0	0
Sa2	0	1	0	0	0	0	0	0	0	0	0	1	0	0
Sa3	0	1	1	1	0	0	0	0	1	0	1	1	0	0
Sb1	0	1	0	0	0	0	0	0	0	0	0	1	0	0
Sb2	0	0	0	0	0	0	0	0	0	0	0	1	0	0
Sb3	0	1	0	0	0	0	0	0	0	0	0	1	0	0
Ea1	0	1	1	1	0	0	0	0	1	1	1	1	0	0
Ea2	0	1	0	0	0	0	0	0	0	0	0	1	0	0
Ea3	1	1	1	1	1	1	1	1	1	1	1	1	1	1
Ea4	0	0	0	0	0	0	0	0	0	0	0	0	0	0
Ea5	0	1	0	0	0	0	0	0	0	0	0	1	0	0

续表

H_{ij}	Ga1	Ga2	Ga3	Gb1	Gb2	Gb3	Gc1	Gc2	Gc3	Gc4	Gd1	Gd2	Gd3	Gd4
Eb1	0	0	0	0	0	0	0	0	0	0	0	1	0	0
Eb2	0	1	0	0	0	0	0	0	0	0	0	1	0	0
Eb3	0	1	1	0	0	0	0	0	0	0	0	1	0	0

H_{ij}	Sa1	Sa2	Sa3	Sb1	Sb2	Sb3	Ea1	Ea2	Ea3	Ea4	Ea5	Eb1	Eb2	Eb3
Ga1	1	1	1	1	1	1	0	1	1	1	1	1	1	1
Ga2	1	1	1	1	1	0	0	0	1	1	1	0	0	1
Ga3	1	1	0	1	1	0	0	0	1	1	1	0	1	1
Gb1	1	1	1	1	1	0	0	1	1	1	1	0	0	1
Gb2	1	1	1	1	1	1	0	1	1	1	1	1	1	1
Gb3	1	1	1	1	1	1	0	1	1	1	1	0	1	1
Gc1	1	1	0	1	0	0	0	1	1	1	1	1	1	1
Gc2	1	1	1	1	1	1	0	1	1	1	1	1	1	1
Gc3	1	1	1	1	1	1	1	1	1	1	1	1	1	1
Gc4	0	0	0	0	0	0	0	0	0	1	0	0	0	0
Gd1	1	1	0	1	1	0	0	0	1	1	1	0	0	1
Gd2	1	1	1	1	1	1	0	1	1	1	1	1	0	1
Gd3	1	1	1	1	1	1	1	1	1	1	1	1	1	1
Gd4	1	1	0	1	1	0	0	1	1	1	1	0	1	1
Sa1	1	1	1	1	1	1	0	1	1	1	1	0	0	0
Sa2	1	1	1	1	1	0	0	1	1	1	1	0	0	1
Sa3	1	1	1	1	1	0	0	1	1	1	1	0	1	1
Sb1	1	1	0	1	1	0	0	0	0	1	1	0	0	0
Sb2	1	1	0	0	1	0	0	0	0	1	1	0	0	0
Sb3	0	0	0	1	1	1	0	0	1	1	0	0	0	0
Ea1	1	1	0	1	1	0	1	1	1	1	1	1	1	1
Ea2	1	1	0	1	1	0	0	1	1	1	1	0	0	0
Ea3	1	1	1	1	1	1	1	1	1	1	1	1	1	1
Ea4	0	0	0	0	0	0	0	0	0	1	1	0	0	0
Ea5	0	0	0	0	0	0	0	0	0	1	1	0	0	0
Eb1	0	0	0	0	0	0	0	0	0	0	0	1	0	0
Eb2	0	0	0	0	0	0	0	0	1	1	0	0	1	0
Eb3	1	1	0	1	1	0	0	0	1	1	1	0	0	1

附录 E　调查问卷

云南省中小企业扶持性政策执行调查问卷

尊敬的女士/先生：

您好！希望能获得您的支持，以帮助团队顺利完成课题研究。本次调查旨在了解云南省中小企业扶持性政策执行相关情况。烦请您根据实际情况填写问卷，我们将严格保密您所提供的任何信息。由于我们主要关注您的个人想法和意见，因此不存在正确答案或错误答案。

值得注意的是，此问卷中"中小企业扶持性政策"是指政府出台的旨在解决中小企业发展面临的资金短缺、税负沉重、技术落后等问题的一系列扶持性政策的统称。

一、您对表中关于中小企业扶持性政策执行效率方面观点的认同程度（请打√选择）

	1 完全不同意	2 比较不同意	3 基本不同意	4 一般	5 基本同意	6 比较同意	7 完全同意
1. 中小企业扶持性政策的预定目标基本实现							
2. 中小企业扶持性政策执行的连续性较强							
3. 中小企业扶持性政策的相关配套政策较完善							
4. 中小企业扶持性政策执行中政府内部监督机制较完善							

	1 完全 不同意	2 比较 不同意	3 基本 不同意	4 一般	5 基本 同意	6 比较 同意	7 完全 同意
5. 中小企业扶持性政策执行中社会外部监督机制较完善							
6. 中小企业对扶持性政策的满意度较高							
7. 中小企业扶持性政策的执行带来较好的社会整体效果							
8. 中小企业扶持性政策的执行有效带动了就业							
9. 中小企业扶持性政策的执行在很大程度上促进了社会稳定							
10. 中小企业扶持性政策的执行极大地促进了国民经济发展							
11. 中小企业扶持性政策的执行减轻了中小企业的税收负担							
12. 中小企业扶持性政策的执行有效解决了中小企业的融资困境							
13. 中小企业扶持性政策的执行显著提高了中小企业的市场地位							
14. 中小企业扶持性政策的执行减轻了中小企业的行业进入壁垒							
15. 中小企业扶持性政策的执行极大地促进了中小企业技术创新							

二、您对表中关于政治信任方面观点的认同程度（请打√选择）

	1 完全 不同意	2 比较 不同意	3 基本 不同意	4 一般	5 基本 同意	6 比较 同意	7 完全 同意
16. 我国政府总能够做正确的事情							

	1 完全 不同意	2 比较 不同意	3 基本 不同意	4 一般	5 基本 同意	6 比较 同意	7 完全 同意
17. 我国政府能够为广大人民的 利益服务							
18. 我国政府能够控制腐败							
19. 我国政府能够维持经济稳定 增长							
20. 我国政府能够有效维护社会 稳定							
21. 中小企业扶持性政策代表中 小企业利益							
22. 中小企业扶持性政策能够得 到有效宣传							
23. 中小企业扶持性政策执行状 况将受到相关部门持续关注							
24. 中小企业扶持性政策能够较 好落实							
25. 中小企业扶持性政策的落实 能有效解决中小企业发展困境							
26. 中小企业扶持性政策的落实 有助于公共利益最大化							
27. 政府工作人员对中小企业公 平公正，一视同仁							
28. 政府工作人员非常可靠，并 值得信赖							
29. 政府工作人员会按要求开展 工作							
30. 政府工作人员有专业的技能 和奉献精神，会认真对待工作							
31. 从以往记录来看，政府工作 人员的办事能力是值得相信的							

三、您对表中关于情绪传染能力方面观点的认同程度（请打√选择）

	1 完全不同意	2 比较不同意	3 基本不同意	4 一般	5 基本同意	6 比较同意	7 完全同意
32. 如果跟我说话的人开始哭，我也会跟着难过							
33. 看悲伤的电影会使我哭泣							
34. 当听到别人愤怒地争吵时，我也会紧张起来							
35. 当情绪低落的时候，和快乐的人在一起会使我心情变好							
36. 和快乐的人在一起，我满脑子都是快乐的想法							
37. 跟充满激情的人在一起，我也会很有激情							
38. 跟自信的人在一起，我也会对自己很有信心							
39. 与乐观的人相处，会使我遇事不急不躁，沉着冷静							

四、个人信息

1. 公司所在地：＿＿＿＿＿＿＿省＿＿＿＿＿＿＿市

2. 公司所属行业（请打√选择）

□农、林、牧、渔业　□采矿业　□制造业

□电力、热力、燃气及水生产和供应业　□建筑业

□批发和零售业　□交通运输、仓储和邮政业　□住宿和餐饮业

□信息传输、软件和信息技术服务业　□金融业

□房地产业　□租赁和商务服务业　□科学研究和技术服务业

□水利、环境和公共设施管理业　□居民服务、修理和其他服务业

□教育　□卫生和社会工作　□文化、体育和娱乐业

□公共管理、社会保障和社会组织　　□国际组织　　□其他

3. 您所在企业性质（请打√选择）

□国有企业　　□集体所有制企业　　□联营企业　　□私营企业

□三资企业（中外合作企业、中外合资企业、外商独资企业）　　□其他

4. 您所在企业的职工人数（请打√选择）

□0～10 人　　□11～100 人　　□101～300 人　　□300 人以上

5. 你所在企业资产总额（请打√选择）

□0～300 万元　　□301 万～2000 万元　　□2001 万～10000 万元

□10000 万元以上

6. 你所在企业年营业收入（请打√选择）

□0～100 万元　　□101 万～500 万元　　□501 万～20000 万元

□20000 万元以上

7. 您的性别（请打√选择）

□男　　□女

8. 您的年龄段（请打√选择）

□20 岁及以下　　□21～30 岁　　□31～40 岁　　□41～50 岁　　□50 岁及以上

9. 您的教育程度（请打√选择）

□初中及以下　　□高中/中专　　□专科　　□本科　　□研究生及以上

10. 您在公司的职位（请打√选择）

□高层管理　　□中层管理　　□其他

11. 您是本公司创始人吗（请打√选择）

□是　　□否

12. 您认为本问卷的设计是否合理？如有不足或遗漏之处，望指出以便改正。

附录 F　多重共线性与自我相关性检验

表 F1　多重共线性与自我相关性检验

变量	S1		S2		S3		S4		S5		S6		S7		S8		S9		S10		S11	
	容差	VIF	容差	VIF	容差	VIF	容差	VIF	容差	VIF	容差	VIF	容差	VIF	容差	VIF	容差	VIF	容差	VIF	容差	VIF
性别	0.944	1.059	0.938	1.066	0.923	1.083	0.906	1.104	0.901	1.11	0.896	1.117	0.871	1.148	0.930	1.076	0.929	1.076	0.917	1.09	0.913	1.095
年龄	0.918	1.089	0.889	1.125	0.879	1.137	0.888	1.126	0.886	1.129	0.902	1.108	0.901	1.109	0.882	1.134	0.874	1.144	0.900	1.111	0.878	1.139
教育	0.971	1.03	0.951	1.052	0.942	1.062	0.950	1.052	0.948	1.054	0.958	1.044	0.954	1.049	0.942	1.061	0.937	1.067	0.955	1.047	0.937	1.068
政府信任			0.942	1.062	0.92	1.087	0.902	1.108	0.881	1.135					0.855	1.169	0.844	1.185				
政府信任 2					0.925	1.081					0.938	1.067	0.829	1.207					0.936	1.069	0.752	1.329
积极情绪感染							0.918	1.089	0.900	1.111	0.949	1.054	0.531	1.882								
政府信任 2×积极情绪感染									0.950	1.052			0.501	1.995								
消极情绪感染															0.895	1.118	0.893	1.12	0.973	1.027	0.497	2.014
政府信任×消极情绪感染																	0.964	1.037				
政府信任 2×消极情绪感染																					0.424	2.361
Durbin-Waston	2.188		2.224		2.21		2.261		2.259		2.221		2.233		2.224		2.219		2.187		2.175	

表 F2　多重共线性与自相关性检验

变量	S1 容差	S1 VIF	S2 容差	S2 VIF	S3 容差	S3 VIF	S4 容差	S4 VIF	S5 容差	S5 VIF	S6 容差	S6 VIF	S7 容差	S7 VIF	S8 容差	S8 VIF	S9 容差	S9 VIF	S10 容差	S10 VIF	S11 容差	S11 VIF
性别	0.944	1.059	0.890	1.123	0.885	1.13	0.872	1.147	0.863	1.158	0.899	1.112	0.895	1.117	0.886	1.128	0.886	1.128	0.922	1.084	0.922	1.085
年龄	0.918	1.089	0.905	1.105	0.895	1.117	0.905	1.105	0.902	1.108	0.910	1.099	0.909	1.100	0.902	1.108	0.896	1.117	0.908	1.101	0.908	1.101
教育	0.971	1.030	0.970	1.031	0.968	1.033	0.970	1.031	0.969	1.032	0.968	1.033	0.966	1.035	0.968	1.033	0.942	1.061	0.967	1.035	0.936	1.068
政策信任			0.914	1.094	0.911	1.098	0.868	1.152	0.860	1.163					0.881	1.135	0.862	1.161				
政策信任 2					0.980	1.020					0.983	1.017	0.975	1.026					0.979	1.022	0.852	1.174
积极情绪感染							0.910	1.099	0.870	1.149	0.957	1.044	0.520	1.925								
政策信任×积极情绪感染									0.938	1.066												
政策信任 2×积极情绪感染													0.537	1.864								
消极情绪感染															0.949	1.054	0.88	1.136	0.98	1.021	0.599	1.669
政策信任×消极情绪感染																	0.885	1.13				
政策信任 2×消极情绪感染																					0.531	1.884
Durbin-Waston	2.188		2.244		2.318		2.245		2.241		2.294		2.226		2.237		2.227		2.261		2.264	

表 F3　多重共线性与自我相关性检验

变量	S1 容差	S1 VIF	S2 容差	S2 VIF	S3 容差	S3 VIF	S4 容差	S4 VIF	S5 容差	S5 VIF	S6 容差	S6 VIF	S7 容差	S7 VIF	S8 容差	S8 VIF	S9 容差	S9 VIF	S10 容差	S10 VIF	S11 容差	S11 VIF
性别	0.944	1.059	0.911	1.098	0.899	1.112	0.883	1.132	0.883	1.133	0.884	1.131	0.870	1.150	0.904	1.106	0.904	1.106	0.909	1.100	0.897	1.114
年龄	0.918	1.089	0.898	1.113	0.897	1.115	0.898	1.113	0.898	1.114	0.915	1.093	0.913	1.095	0.895	1.117	0.893	1.120	0.914	1.094	0.914	1.094
教育	0.971	1.030	0.968	1.034	0.954	1.048	0.967	1.034	0.963	1.038	0.954	1.048	0.951	1.052	0.965	1.037	0.938	1.066	0.955	1.047	0.946	1.057
公务员信任			0.928	1.077	0.907	1.102	0.915	1.093	0.895	1.117					0.903	1.107	0.871	1.148				
公务员信任 2					0.938	1.066					0.945	1.058	0.916	1.092					0.939	1.065	0.866	1.155
积极情绪感染							0.945	1.059	0.843	1.186	0.944	1.060	0.513	1.950								
公务员信任×积极情绪感染									0.876	1.141												
公务员信任 2×积极情绪感染													0.518	1.932								
消极情绪感染															0.959	1.043	0.916	1.092	0.964	1.038		
公务员信任×消极情绪感染																	0.901	1.11				
公务员信任 2×消极情绪感染																					0.513	1.948
Durbin-Waston	2.188		2.287		2.291		2.336		2.324		2.261		2.252		2.291		2.295		2.215		2.227	